義相大師

高僧傳

海東華嚴初祖

編撰——郭磊

【編撰者簡介】

郭磊

韓國東國大學歷史系文學博士。主要研究領域為韓國佛教史；在此基礎上持續探討中古時代東亞地區——特別是韓國與中國、日本的佛教交流。

大學時代接觸到佛教，認識到佛教是一種透過理論結合實踐的法門，可以讓人的身心獲得自由的生命教育，佛教對人類的重要性也就不言而喻。遂再次求學深造，想從一個信仰者的角度，經由佛學研究的方式來進一步學習；希望自己能做好本分事，保持平常心，成為自在人。

【「高僧傳」系列編輯序】

令眾生生歡喜者，則令一切如來歡喜

「為佛教，為眾生」六個字，乃是印順法師於臺北市龍江街慧日講堂（後因大門遷移，地址遷至朱崙街）為證嚴法師授予三皈依、並賜法名時的殷殷叮囑：「既然出家了，你要時時刻刻為佛教、為眾生。」

依證嚴法師解釋：「為佛教」是內修清淨行，「為眾生」則要挑起如來家業，走入人群救度眾生。因此法師稟承師訓，一心一志「為佛教還原教義，為眾生點亮心燈」，而開展慈濟眾生的志業。

歷代高僧之「為佛教、為眾生」

證嚴法師開創「靜思法脈，慈濟宗門」，並將其與「為佛教，為眾生」合釋：「靜思法脈」乃「為佛教」，是智慧；「慈濟宗門」即「為眾生」，是大愛。

進而言之，「靜思法脈，慈濟宗門」即菩薩道所強調的「悲智雙運」：「靜思法脈」是「智」，「慈濟宗門」是「悲」；傳承法脈、弘揚宗門就要「悲智雙運」，積極在人間發揮慈、悲、喜、捨四無量心。此亦即慈濟人開展四大志業、八大法印時的根本心要。

由其強調「悲智雙運」可知，「靜思法脈，慈濟宗門」並非標新立異，而是傳承佛陀教法以及漢傳佛教歷代高僧的教誨——包括身教與言教，並要求身心皆徹底踐履。為了讓世人明瞭慈濟宗門之初心與悲願，也讓這些歷代高僧的事蹟與精神更廣為人知，大愛電視臺秉持證嚴法師的信念，於二〇〇三年起陸續製作《鑑真大和尚》與《印順導師傳》動畫電影，將佛教史上高僧大德的動人故事，經由動畫電影的形式，傳遞到全世界。

因為電影的成功，大愛電視臺進一步籌畫更詳盡的電視版〈高僧傳〉——採取臺灣民眾雅俗共賞的歌仔戲形式。〈高僧傳〉的每一部劇本都是經過數個月的資料研讀與整理，縝密思考後才下筆，句句考證、字字斟酌。製作團隊感受到每一位大師皆以身作則、行菩薩道的特質，希望將每位高僧的大願與大行傳遍世界。

然而，不論是動畫或戲劇，恐難完整呈現《高僧傳》中所載之生命歷程，以及諸位高僧與祖師之思想以及對後世之貢獻。因此，慈濟人文志業中心便就〈高僧傳〉歌仔戲所演繹過的高僧，以《高僧傳》及《續高僧傳》之原著為基礎，含括了日、韓等國之佛教史上的知名高僧，編撰「高僧傳」系列叢書。我們不採取坊間已有之小說體形式，而是嚴謹地參照人物評傳的現代寫法，參酌相關之史著及評論，對其事蹟有所探討與省思，並將其社會背景、思想及影響皆納入，雜揉編撰，內容包括高僧的生平、傳承及主要思想或重要經典簡介。從中，我們不僅可以讀到歷代高僧的智慧與悲心，亦可一覽相關的佛教史地、典籍與思想。

在編輯過程中，我們可以看到歷代高僧之「為佛教，為眾生」：鳩摩羅什飽受戰亂、顛沛流離，仍戮力譯經，得令後人傳誦不絕，乃是為利益眾生；玄奘歷萬里之險取得梵本佛經、致力翻譯，其苦心孤詣，是為利益眾生；鑑真六次渡海欲至東瀛傳戒，眼盲亦不悔，是為利益眾生；六祖惠能隱居十五載以避害身之禍，只為弘揚如來心法，並言「佛法在世間，不離世間覺；離世求菩提，猶如覓兔角」，亦是為利益眾生……

這些高僧祖師大可獨善其身、如法修行以得解脫，為何要為法忘身、受諸逆境而不退？究其根本，他們不只是為了參究佛法，而是深知弘揚大乘佛法的目的乃在於大慈大悲地度化眾生、讓眾生能得安樂；若不能讓眾生同霑法益，求法何用？如《大智度論．卷二七》所云：

一切諸佛法中，慈悲為大；若無大慈大悲，便早入涅槃。

由此可知，就大乘精神而言，「為佛教」即應「為眾生」，實為一體之兩面。

「大悲」為「諸佛之祖母」

除了歷代高僧之示現，「為眾生」之菩薩道的實踐，於經教中更是多不勝數、歷歷可證。例如，《無量義經．德行品第一》便說明了菩薩作為眾生之大導師、大船師、大醫王之無量大悲：

無量大悲救苦眾生，是諸眾生真善知識，是諸眾生大良福田，是諸眾生不請之師，是諸眾生安隱樂處、救處、護處、大依止處。處處為眾作大導師，能為生盲而作眼目，聾劓啞者作耳鼻舌；諸根毀缺能令具足，顛狂荒亂作大正念。船師、大船師運載群生渡生死河，置涅槃岸；醫王、大醫王，分別病相曉了藥性，隨病授藥令眾樂服；調御、大調御，無諸放逸行，猶如象馬師，能調無不調；師子勇猛，威伏眾獸，難可沮壞。

如來於《法華經．觀世音菩薩普門品》中宣說，觀世音菩薩更以三十三種應化身度化眾生：

佛告無盡意菩薩：善男子，若有國土眾生，應以佛身得度者，觀世音菩薩即現佛身而為說法；應以辟支佛身得度者，即現辟支佛身而為說法；應以聲聞身得度者，即現聲聞身而為說法；應以梵王身得度者，即現梵王身而為說法；應以帝釋身得度者，即現帝釋身而為說法……應以天龍、夜叉、乾闥婆、阿修羅、迦樓羅、緊那羅、摩侯羅伽、人非人等身得度者，即皆現之而為說法；應以執金剛神得度者，即現執金剛神而為說法。無盡意，是觀世音菩薩成就如是功德，以種種形遊諸國土，度脫眾生，是故汝等應當一心供養觀世音菩薩。是觀世音菩薩摩訶薩，於怖畏急難之中能施無畏，是故此娑婆世界皆號之為施無畏者。

為何觀世音菩薩要聞聲救苦？因為菩薩總是「人傷我痛、人苦我悲」，恆以「利他」為念。如《大丈夫論》所云：

> 菩薩見他苦時，即是菩薩極苦；見他樂時，即是菩薩大樂。以是故，菩薩恆為利他。

正是因為這般順隨眾生、「以種種形」而令其無畏的無量悲心，讓觀世音菩薩受到漢傳佛教乃至於華人民間信仰的共同崇敬。慈濟人之所以超越貧富、超越國界、超越宗教地去關懷與膚慰需要幫助的生命，便是效法觀世音菩薩無量悲心、無量應化的精神。

在《法華經．普賢菩薩勸發品》中發願、將於佛滅後守護及教導受持《法華經》之眾生的普賢菩薩，於《華嚴經．普賢行願品》中則教導善財童子如何供養諸佛，亦揭示了如來、菩薩、眾生的關係：

> 於諸病苦，為作良醫；於失道者，示其正路；於闇夜中，為作光明；於貧窮者，令得伏藏。菩薩如是平等饒益一切眾生。何以故？菩薩若能隨順眾生，則為隨順供養諸佛；若於眾生，尊重承事，則為尊重承事如來；若令眾生生

歡喜者，則令一切如來歡喜。何以故？諸佛如來，以大悲心而為體故。因於眾生，而起大悲；因於大悲，生菩提心；因菩提心，成等正覺。……若諸菩薩，以大悲水饒益眾生，則能成就阿耨多羅三藐三菩提故。是故菩提，屬於眾生；若無眾生，一切菩薩終不能成無上正覺。善男子，汝於此義，應如是解。以於眾生心平等故，則能成就圓滿大悲；以大悲心隨眾生故，則能成就供養如來。

《大智度論．卷二〇》亦云，佛陀強調，大悲心乃是諸佛菩薩之根本，具大悲心方能得般若智慧，亦方能成佛：

大悲，是一切諸佛、菩薩功德之根本，是般若波羅蜜之母，諸佛之祖母。菩薩以大悲心，故得般若波羅蜜；得般若波羅蜜，故得作佛。

「菩薩若能隨順眾生，則為隨順供養諸佛；若於眾生，尊重承事，則為尊重承事如來；若令眾生生歡喜者，則令一切如來歡喜。」閱及此段，不禁令人深深體會證嚴法師之智慧與悲心：慈濟宗門四大、八印之聞聲救苦、無量應化地「為眾生」，也是同時「為佛教」地供養諸佛、令一切如來歡喜啊！

歷代高僧雖未如慈濟宗門般推動慈善、醫療、乃至於環保、國際賑災等志業，乃因其時空因素，欲度化眾生先以弘揚大乘經教與法義為重；現今經教已備，所須的乃是效法菩薩道之力行實踐！慈濟宗門便是上承歷代高僧與經論之教法，推動四大、八印，行菩薩道饒益眾生，以此供養如來。

換言之，歷代高僧之風範、智慧及悲願，為佛教，也為眾生，此即諸佛菩薩之本懷，亦為慈濟宗門之本懷！這便是《高僧傳》系列叢書所欲彰顯者。

遙企歷代高僧儼然身影，我們可以肯定：為眾生，便是為佛教；為佛教，一定要為眾生！

【推薦序一】

讓中韓文化交流煥發新活力

——黃心川（中國社會科學院榮譽學部委員）

義相（西元六二五至七〇二年）是唐代新羅國的僧人，於唐朝永徽元年（西元六五〇年）至中國游學，投長安終南山智儼學《華嚴經》義，與華嚴宗第三祖法藏同學。後奉旨於太伯山（今朝鮮慶尚北道榮州郡）創建浮石寺，傳華嚴宗教義，始創海東華嚴宗。

義相來中國幾次，都是取道海路，乘船而來。《三國遺事》卷四記載他第一次來中國，「（於）永徽初，會唐使舡有西還者，寓載入中國，初止楊州。」這是搭乘了當時唐朝命官前往新羅時使用的官船而來，所以稱為「寓載」進入中國。《宋高僧傳》記載他第二次來中國，「以總章二年（六七〇），附商船達登州岸。」這是搭載的民間做生意的「商船」而到達的。

兩次出國，兩次乘船，雖然路線是一樣的，但是都是經過了不同經歷，搭載了不同船隻，這說明在唐代時中國對外交通是非常發達的，海路交通已經占有了重要位置，佛教也隨著海上交通技術發達，搭上了海上絲綢之路快船，促使唐代成為中外文化與佛教交流的高峰，佛教也隨之傳到域外。

《宋高僧傳．卷四．唐新羅國義湘傳》說義相「年臨弱冠，聞唐土教宗鼎盛，與元曉法師同志西游，行至本國海門唐州界，計求巨艦，將越滄波。」義相和元曉所求的「巨艦」是什麼樣的船隻，很值得研究。

東晉法顯和尚是中國佛教界裡第一個從海路乘船回到中國的，並且在中國北方青島登陸。據《高僧法顯傳》載，他當時搭的是可以乘坐兩百餘人的「商人大船」。朱文濤〈六朝時期的海上交通與對外造物文化交流述略〉（載《創意與設計》總第四十六期）認為：「可知當時南海絲路中兩百餘人大型商船十分常見，人員規模如此，推知其所載貨物可數十噸，船舶載重百噸左右，這已經相當於十五世紀歐洲航海船的規模。」

而到了唐代時，航海技術發展很快。唐朝是世界少有的幾個大國之一，海上貿易是唐代最重要途徑之一，在碼頭的船隻排成了長隊，《嶺外代答．卷六》介紹唐代有一種木蘭舟，「浮南海而南，舟如巨室，帆若垂天之雲，柂長數尺。一舟數百人，中積一年糧，豢豕釀酒其中，置死生於度外，徑入阻碧，非復人世。人在其中，日擊牲酣飲，迭為賓主，以忘其危。」木蘭舟大可容納千人，人可長住一年甚至數年，舟上還有市井商場，說明當時造船技術與航海技術已經非常先進。《一切經音義．卷一》所說的大舡「大者長二十丈，載六七百人者是也」，已經是小船了。

成熟的航海技術使中國和朝鮮半島的來往更加方便，義相也得益於唐代航海技術的發展，而取得更多成就。他之所以能把很多中國佛教典籍帶回新羅，就是依靠先進的航海技術；如果仍然還在利用馬馱人背的原始工具，不可能把這麼多的佛書帶走，其本人也不會被視為「邊戍邏之為諜者，因閉者累旬」。

郭磊博士是在中國長大的學者，現在韓國東國大學任教。他多年致力於韓國佛教的研究與發揚，撰寫了大量的佛教學術文章，是我們非常熟悉的學者。郭磊博士發心挖掘韓國佛教的文化傳統，宣傳韓國佛教高僧的事蹟，已經編撰了《元曉大師——海東菩薩》一書，由臺灣的慈濟傳播人文志業基金會出版。

中韓兩國佛教的交流已有一千五百年歷史，很多高僧為了兩國的佛教文化發展做出了貢獻。義相是新羅佛教裡出類拔萃的佼佼者之一；他不僅將中國佛教引入新羅，還讓許多中國已經佚失的佛典在新羅得以保存，對中國佛教的貢獻可謂至偉。今天我們為義相立傳，就是要將他於中韓兩國的佛教、對世界文化的貢獻等悉數寫出來，讓更多的人瞭解這一段歷史，讓古老的中韓兩國文化交流煥發出新的活力。

是為序。

【推薦序二】

構建新羅特有佛教思想的一代大師

——鄭炳三（淑明女子大學校 名譽教授）

며 중국적인 불교 해석의 황금기를 이루었다. 이후 隋唐시대에 동아시아 불교사상을 형성하며 중국을 중심으로 한국 일본 베트남을 포괄하는 특유의 佛教文化圈을 구축하였다. 한국의 승려들은 4세기 이래 수용되어 전승되어 온 자국의 불교사상을 연마한 위에 지속적으로 중국불교의 새로운 사상을 익혀 한국 불교사상을 형성하고자 노력하였다. 7세기의 동시대에 활약한 圓測 元曉 義相은 그런 한국적 불교사상을 확립한 대표적인 인물들이다. 圓測은 玄奘이 선도한 新唯識 사상을 수용하여 舊唯識과 조화를 이루는 독자적인 唯識思想을 형성했고, 元曉는 주요 經論을 관통하는 불교 중심 사상으로 大乘起信論 에 토대를 둔 一心思想을 제창하여 한국불교는 물론 동아시아 불교에서 손꼽히는 의의를 갖는 독창적인 사상을 이룩하였다. 義相은 이들과 같은 教學 토대에서 출발하여 당시 새롭게 사상체계를 정립하던 華嚴思想을 체득하고 이를 신라의 중심사상으로 길이 전승되도록 했다.

義相은 韓國 華嚴의 鼻祖로 꼽힌다. 의상이 당에 유학하여 智儼의 문하에서 화엄을 익히고 신라에 돌아와 浮石寺를 중심으로 많은 제자를 양성하며 華嚴思想을 널리 펼쳤고, 十大弟子로 손꼽히는 그의 門徒들이 전국 각지에 華嚴十刹이라 부르는 대찰을 건립하여 화엄이 新羅佛教 教學의 중추를 이루게 되었다. 또한 의상은 觀音信仰과 彌陀信仰을 제시하여 사상과 신앙이 조화를 이루는 체계적인 教團 活動을 선도하였다. 이로써 확립된 新羅 華嚴思想과 華嚴教團은 신라는 물론 이후 高麗와 朝鮮에 이르기까지 가장 중요한 教學으로 길이 전승되었다. 그래서 의상은 뛰어난 思想家이자 사람들과 함께 신앙을 실천한

清淨한 修行者로서 높이 推仰되어왔다.

의상은 661년에 唐에 가서 670년에 新羅로 돌아오기까지 9년 동안 중국에서 수학했다. 처음에는 당시 여러 신사상과 신앙의 요람이던 終南山 일대에서 수학하며 다양한 불교를 익혔다. 律宗의 창시자인 道宣과 교유한 경험은 의상이 평생 철저한 出家沙門의 자세를 견지하며 清淨한 佛教觀을 갖도록 했던 소중한 힘이었다. 종남산 자락에 스며 있던 三階教와 禪에 대한 인식도 중요한 경험이었다. 의상의 화엄사상이 후배 法藏과 달리 실천 수행 특히 선의 깨달음을 지향하는 수행을 연상하는 實踐行을 제자들과 함께 구현하고 사상에도 그런 특성을 보이는 것은 이때의 경험이 큰 資産이 되었을 것으로 생각된다. 그리고 地論을 접했던 행적도 중요하다. 의상의 화엄사상이 지론의 새로운 해석을 토대로 자신만의 사상을 형성한 면도 찾을 수 있기 때문이다.

이런 여러 가지 思想과 信仰을 접촉한 의상이 이르렀던 終着地는 이제 바야흐로 화엄사상을 定立하던 智儼이 주석하고 있던 終南山 至相寺였다. 의상은 지엄 문하에서 아직 출가 전의 法藏과 함께 華嚴의 要諦를 익혔고, 그 결과를 엮은 一乘法界圖 는 스승 지엄이 크게 평가한 뛰어난 업적이었다. 一乘法界圖 는 화엄사상의 정립기에 그 精髓를 210자의 法界圖詩로 구성하고 이를 中道思想과 法界緣起 및 華嚴性起思想으로 해석함으로써, 간략하지만 華嚴一乘의 핵심을 간추린 빼어난 저술이었다. 의상의 修學을 지켜보며 苦樂을 함께 했던 후배 법장은 오래도록 의상을 先輩로 존경하는 태도를 견지했다.

이처럼 의상은 한국불교에서 천년이 넘도록 오랫동안 祖師로서 추앙되어온 善知識이자 다른 한편으로는 동아시아 佛敎 交流를 활력 넘치게 만들었던 대표적인 인물이라는 意義도 갖는다. 新羅의 獨自的인 佛敎思想을 확립하기 위해 직접 중국에 가서 새로운 불교사상을 적극적으로 익히고 이를 수용하여 새로운 독자의 불교사상을 정립한 것은, 그의 열려 있는 學問的 態度를 如實하게 보여준다. 그래서 의상은 신라에 돌아와서 활동하면서도 弟子들이 다시 새로운 불교 흐름을 익히기 위해 中國에 나녀오도록 했고, 신라불교는 이런 開放的인

분위기에서 持續的으로 思想을 蓄積해 나갈 수 있었던 것이다. 이런 의상의 성과는 훗날 明代에 釋氏源流應化事蹟 을 편찬할 때 慈藏과 함께 신라인으로는 드물게 還國傳法 편으로 수록된 것도, 그가 불교교류의 상징으로 널리 전해온 결과였을 것이다.

이런 義相의 傳記를 中國語로 편찬하게 된 것은 큰 의미를 갖는 일이다. 郭磊선생은 義相의 生涯와 思想과 活動의 要諦를 해박한 지식을 바탕으로 매우 흥미롭게 엮었다. 이 책의 出刊을 계기로 韓國佛敎의 중요한 軸이자 韓中 佛敎交流의 상징과도 같은 義相의 삶과 사상이 中國語圈 讀者들에게 널리 익힘으로써 한국불교와 불교교류에 대한 理解가 擴大되기를 期待한다. 이런 뜻에서 義相 研究者로서 나는 이 책의 출간을 크게 반기고 있다.

더구나 이 책의 著者인 郭磊선생은 義相의 傳記 著作에 가장 적합한 學者이다. 郭磊先生은 新羅 學僧과 唐代 譯經事業으로 碩士學位를 받았고, 新羅 五臺山信仰 研究로 博士學位를 받아 好評을 받고 현재 研究에 邁進하고 있는

活力 넘치는 學者이다. 그의 研究 主題는 모두 新羅와 唐의 밀접한 관계를 底邊에 두고 經典과 思想과 信仰이 어떻게 相互關係를 形成하며 展開되었는지를 밝힌 것들이다. 의상의 생애와 삶을 밝히는 것은 이런 作業과 깊은 聯關性을 갖는다. 나는 郭磊先生과 오랫동안 同僚 研究者로서 그의 研究活動을 지켜보며 交遊하고 있다. 郭磊先生의 研究 成果와 나와의 因緣을 생각해 볼 때, 나는 郭磊先生이 著述한 義相 傳記가 義相 特有의 독특한 文化的 特性을 잘 밝혀줄 것으로 믿는다. 이 책을 통해 新羅時代의 文化交流가 그 시대에 그치는 것이 아니라 오늘날에도 지속되고 있는 것을 確認할 수 있다. 이 책이21세기 新人類時代의 의미있는 역할을 함으로써, 문화교流의 밝은 빛이 中國語圈은 물론 世界的으로 확산되기를 期待한다.

2021년 8월 12일

（中譯：郭磊）

東亞佛教自中國南北朝時代以後，隨著各種學術性的成果至出現，迎來了佛教的中國式解讀的黃金時期。此後隋唐時期形成的東亞佛教思想，構建了以中國為中心，同時涵蓋韓國、日本以及越南的特有的佛教文化圈。而韓國古代的僧人們自西元四世紀以來，在接受和傳承的本國佛教思想的基礎上，持續地學習中國佛教的新思想，為構建韓國的佛教思想而不斷努力。活躍在七世紀的圓測、元曉和義相都是構建這種韓國佛教思想的代表人物。圓測接受了玄奘主導的新唯識思想，形成了與舊唯識相調和的獨立唯識思想。元曉則以貫穿各種經論的佛教中心思想——《大乘起信論》為基礎，提倡「一心思想」，成為韓國佛教乃至東亞佛教中首屈一指的獨創性思想。義相則以「教學」為基礎，學習、體悟當時出現的全新的思想體系——華嚴思想，並將其轉接到新羅的佛教中心思想上。

義相被尊為韓國華嚴的鼻祖。他入唐求學，拜入智儼門下學習華嚴，返回新羅後以浮石寺為中心，培養了眾多弟子並廣弘華嚴思想。特別是被譽為十大弟子的眾人在全國各地修建華嚴十剎，構築了新羅華嚴教學的中樞。此外，義相還通過他的觀音信仰和彌陀信仰，呈現了思想與信仰相協調的系統性的教團活動。由此確立的新羅華嚴思想和華嚴教團不僅在新羅盛行，還成為此後高麗和朝鮮時代最重要的佛教教學。因此，義相被推崇為是一位卓越的思想家，同時也是一名與大眾共同實踐信仰的清淨修行者。

義相於西元六六一年入唐，六七〇年返回新羅，在中國學習了九年。在當時各種新思想和信仰的搖籃——終南山一帶修學，接觸到了各種不同的佛教思想。與律宗祖師道宣的交往，是義相一生堅持徹底的出家沙門之清淨佛教觀的力量來源。而接觸到流行在終南山附近的三階教和禪教，對他來說也是重要的經歷。

與法藏不同，義相的華嚴思想——「實踐行」，是以覺悟禪修為指向，這一點在他與弟子們的實踐過程中可以看得到。應該說，義相的佛教思想中所表現出來的這種特點，正是以他在大唐的種種經歷為最大資本。另外，他接觸過地論宗的經歷也很重要；因為，在義相的華嚴思想中也找得到他以地論宗的全新詮釋為基礎而構建的、屬於個人獨有的詮釋。

接觸到各種佛教思想的義相之根本立足點，正是智儼和尚駐錫的終南山至相寺。在這裡，義相與還未出家的法藏一起跟隨智儼學習華嚴要諦，並以《一乘法界圖》得到了智儼的稱贊。《一乘法界圖》以二百一十字的法界圖詩構成，講述了中道思想、法界緣起以及華嚴性起思想，言簡意賅，凸顯華嚴一乘。正是因為這些原因，與義相共同修學、同苦同樂的法藏，一直對前輩義相持有敬意。

在韓國佛教千年的歷史中，義相被尊崇為祖師，是大善知識，同時也是東亞佛教交流中充滿活力的代表人物。為了構建新羅特有的佛教思想，他孤身入唐，積極學習和接受新佛教思想，如實地反映了他開放的學術態度。而當義相回到新羅，為了讓弟子們瞭解佛教的最新發展趨勢，也鼓勵他們入唐求法。新羅的佛教，就在這種開放的氛圍中持續發展。乃至於後來，義相的傳記被收錄到明代編纂的《釋氏源流應化事蹟．還國傳法》篇裡，其中還有慈藏的傳記。新羅人被收錄其中是比較少見的，這正是他們作為佛教交流的象徵而廣為流傳的結果。

綜上所述，將義相的傳記編撰成中文出版具有重要的意義。郭磊博士以廣博的歷史知識為基礎，生動活潑地編寫了義相的生平、思想以及主要的活動。以這本書的出版為契機，期待韓國佛教的重要軸心、象徵韓中佛教交流的義相之生平和思想能被更多華語圈的讀者廣泛瞭解，從而擴大對韓國佛教以及佛教交流的理解。作為義相的研究者，我非常期待這本書的出版。

再者，本書的作者郭磊博士是最適合編撰義相傳記的學者。他以《七、八世紀唐代的譯經事業與新羅學僧》一文獲得碩士學位，並以《新羅五臺山文殊信仰研究》獲得佳評取得了博士學位，是一位專注於研究、充滿活力的學者。

他的研究主題都是以新羅與唐朝的密切關係為基礎，考察佛教經典和思想信仰是如何相互關聯而展開的；義相的生平和思想，也與這種作業方式有深厚的連貫性。

我作為郭磊博士的同行，一直在關注著他的研究工作。考慮到郭磊博士的研究成果以及與我個人的因緣，相信郭磊博士編撰的義相大師傳記，能很好地揭示出義相所具有的文化特性。通過這本書，可以讓我們認識到，新羅時代的文化交流不僅停留在那個時代，在今天也仍在繼續。可以說，這本書在二十一世紀這個人類的新時代具有特別的意義，期待這文化交流之光明能擴散到華語圈乃至世界。

二〇二一年八月十二日

【編撰者序】

為法忘軀，普賢行願

在這個科技發達的時代，當我們想要查找某一個地點時，只需在 google earth 里輸入確切的地址，點擊搜索後，地圖就會定位到相應的地方並予以標註。隨著鼠標慢慢滑動、拉近，想要查看地點的街道和房屋就會越來越清晰；反向滑動時，街道和房屋會隨之變小，地圖上可見範圍則越來越大，像乘坐火箭升空一樣，直至衝出大氣層飛離地球，從宇宙中俯瞰這顆蔚藍的星球。由此可知，當觀察的角度不同時，大小也就只是一個相對的概念，而非絕對。

處於銀河系裡的地球又會是什麼樣子呢？眾所周知，地球是圍繞太陽運轉的行星，而太陽的體積是地球的一百萬倍。銀河系大約包含兩千億顆星體，類似太陽這樣的恆星在銀河系中大約有一千多億顆，行星更是不計其數。銀河系直徑巨大，以光速橫穿銀河系大約需要十萬光年。地球的赤道直徑只有七九二六英里。對比之下，方知地球在浩瀚的宇宙中不過是微塵一粒，而人類甚至連一顆小小的微塵都算不上。

然而，人類軀體內也有著無量的細胞居住其中，亦可謂另一個「宇宙」。佛經有云，「一塵中有塵數剎，一一剎有難思佛。」地球由無量數微塵所構成，一微塵就是一個世界。一個世界裡又有無數眾生，每一個眾生也是由無數微塵構成。而在這無數的塵微中又有無量眾生與無量佛，重重無盡，無盡重重。這正是《華嚴經》所呈現的思想，所謂「圓融無礙」，即「一」與「多」，兩者不相妨礙。圓融思想是建立在「一切萬法互為條件而存在」的理論基礎之上，不主張孤立地看待任何事物或現象。在強調世界萬物的共同本質是通過千差萬別的具體事物和現象表現出來的同時，又強調在形形色色的事物和現象背後皆存在共同的本質。相互依存，相互容攝，構成現存世界。

華嚴思想在海東的傳播

至新羅統一時期（西元六六八至九三五年），新羅的佛教已逐漸樹立起獨特之教學。在西元七到八世紀中葉，在新羅歷史上大放異彩的正是義相所創立的華嚴宗。時至今日，雖然海東華嚴宗已經不復存在，但禪（禪宗）教（華嚴）融合之佛教思想早已經成為韓國佛教的傳統。如果說中國佛教的特質在於禪，日本佛教的特質是密（唐密），韓國佛教的特質就是教（華嚴），可以說華嚴思想是韓國佛教思想的基礎。就此來說，義相大師，功不可沒！

自佛教從印度經由西域傳入中國之後，再次傳向臨近的朝鮮半島和日本，因為漢字共通的原因，繼而成為東亞地區的共同信仰。可謂同根同源，各具特色。西元四世紀左右，中國佛教傳入朝鮮半島，歷經三國時代，開花結果，彼此影響。從這一時期開始，前往古代中國尋求佛法之路就此開啟。在韓國古代的新羅時代有很多僧侶為了親近大德、學習佛法而冒著生命危險，西行渡海入唐求法；如高句麗僧朗、實公、慧灌、道登，百濟曇慧以及新羅安弘、慈藏、圓測、神昉、智仁、義相、勝詮等人，分別在隋唐時期入華求法。而在這眾多的高僧之中，義相（西元六二五至七〇二年，也作義湘，本書統一為義相）無疑是一位佼佼者。在韓國佛教史上，義相是與元曉齊名的新羅時代的高僧，他被譽為海東華嚴初祖，一位華嚴的踐行者。

義相曾兩次踏上求法之路，而且都是與元曉同行。第一次是通過陸路，因為在高句麗邊境遭遇囚禁而被迫放棄。第二次選擇了水路。元曉大師因誤飲汙水而領悟了「一切唯心」的意義遂放棄入唐之行；於是義相獨自踏上了征途，在經歷了種種艱險終於到達大唐長安。

來到大唐之後，義相拜在華嚴大家智儼門下。因為他學習刻苦，還被智儼大師授予「義持」之稱號，即在實踐中體現佛法的真意。

西元六七〇年，義相返回新羅，大力弘揚華嚴一宗，並創建華嚴十剎，門下還有十大弟子。他熱衷於教化活動，被譽為實踐華嚴思想的先驅者。西元七〇二年，新羅聖德王元年，義相以七十八歲的高齡入寂。終其一生，他都以弘揚華嚴為志業，講經著述，開闡圓教。一千多年後的今天，在韓國佛教的儀式裡，仍是以持誦義相《華嚴一乘法界圖》中的〈法性偈〉來作為迴向，可見其重要性。

縱觀義相一生，經歷了新羅、百濟、高句麗的內亂以及新羅與唐的外戰，他思考的不僅僅是獨善其身，而是兼濟天下。新羅平息了三國戰亂的初期，面臨的最大問題是在思想方面實現對人民的同文共軌與約束。因為百濟、高句麗的遺民初期並沒有從內心中形成對新羅的認同感，新羅文武王僅通過武力完成了領土上的統一；如何妥善安置遺民，才是更為重要。在這方面，義相的作用可以說尤為突出。針對種種矛盾和對立，通過「圓融」來解決，華嚴思想中的「一即多，多即一」正是當時中央集權國家所需要的治國理念。所以說以義相為中心的華嚴教團，對於新羅時代的王權強化和統治有著重要的輔助作用。

於國，盡心圖報；於民，慈悲為懷；於己，博文約禮。

這就是海東華嚴宗師——義相！

本書體例的說明與感謝的人

首先，「義相」還是「義湘」？大師的名諱在中韓兩國的古代史料中有不同的記載，乃至現代學者也各持己見。本書以韓國古代佛教史的兩位大家——金相鉉和鄭炳三教授的「義相」之見解為參考。

再者，本書的寫作是在參考和解讀史料的基礎上盡可能地還原歷史，復原人物；無奈我願無窮，史料有限，主人翁義相與一些寺院和人物之間的交集或有或無。為了讓他的生平以及大唐留學生活更加的豐富多彩，我在尊重史料的基礎上加入了一些推測和創作。如果這些部分給您的閱讀帶來了不便，歡迎您的批評和指正。讓我們唱古論今，因為歷史本來可以更精彩！

一路走來，幸遇諸位法師與善知識，感恩！

感謝香港慈輝佛教基金會已故會長楊洪老師（西元一九四六至二〇〇九年）早年間的資助，讓我得以順利完成學業。當以老師為榜樣，高高山頂立，深深海底行！

在本書的寫作之初，有幸邀得黃心川老先生（西元一九二八至二〇二一年）作序，可惜書還沒有出版，老先生就在今年初駕鶴西去，願花開極樂。

感謝韓國東國大學歷史系已故金相鉉教授（西元一九四六至二〇一三年）為我指明了韓國佛教研究之路。

感謝陳景富老師，引我入門，與我前行。感謝楊曾文、黃夏年、呂建福、宋立道等諸位老師多年來的關心，以及其他學界師長前輩朋友的抬愛，恕不一一署名。

最後要感謝家人。內人荒井淑子承擔了瑣碎的家務和繁重的育兒，閒暇之餘還與我討論本書的章節和內容，給我很多啟發和幫助，感謝她的付出。看著女兒倫知從幼兒園升入小學，陪伴她長大的日子裡有快樂也有煩惱，這也是人生非常重要的一門課程。

當「平常」不再「平常」

二〇一九年八月完成了《元曉大師》的編撰後，又應慈濟傳播人文志業基金會賴志銘博士邀請，編寫一部關於義相大師的傳記；感激之餘，亦開始搜集資料、構思目錄。是年十一月中旬，我前往福建省福清市參加黃檗山萬福寺的國際黃檗禪論壇時，巧遇了慈濟慈善事業基金會顏博文執行長，一切都是那麼地平常。誰能料到，一個月後，這個世界變得不再平常！

二〇二〇年，本應是普通的一年，然而一場近乎毀滅性災難的到來，成為人類心中永遠的痛。元月，時值中國的新春佳節，新型冠狀病毒自武漢爆發，之後短短數月全球擴散；時至今日，仍未杜絕。由疫情所引起的社會反應和創傷不定時的挑戰著人類的極限，每個國家都受到了影響。

然而，一方有難，八方支援。在各國政府做出各自的應對之時，來自民間的團體和個人也自發的投身於疫情防控之中，發揮著積極作用。一時之間，全球展開了各種跨越地域的星火馳援。疫情雖危難，大愛卻無疆！

作為民間力量代表的臺灣慈濟基金會，自二〇二〇年元月春節期間，針對疫情就展開了各項應變作為，守護臺灣本土的同時還不忘積極馳援國際防疫。分布在世界各國的海外慈濟人也積極行動，進行區域性的支援。之後，更廣泛援助全球有需要的地方，防疫物資的輸出多達九十多個國家地區遍及五大洲，不僅範圍廣、且持續時間長。本著無緣大慈、同體大悲的願力，慈濟人在世界每個角落始終堅定地做對的事情。過去如此，現在如此，將來，亦是如此。

為佛教！為眾生！慈濟，用一生踐行！

在這個科技發達的時代，人類上天下海似乎無所不能。卻在小小的病毒面前毫無招架之力，唯有藉助有限的醫療救護艱難自保。面對困難，吾輩需秉持凝心聚力、眾志成城的信念，繼而攜手並進、共度難關。於我自身而言，此次經歷更是愈發強烈地感受到「平常」的寶貴與不易。

新冠疫情出現後，證嚴上人說要「非素不可」！因為「災疫是大自然向人類示警，地球毀傷，災難頻傳，期待人人抱持感恩心，感恩大地生養萬物，穀類青蔬鮮果讓我們吃得安心，又能提供完整的營養。消弭疫情，茹素是唯一的靈方妙藥；不僅守護健康，也能清淨心念，萬物共生共榮，疼惜所有的生物，用完整的愛，給孩子留下一個乾淨的地球，才能保平安。」如此才能續佛慧命。

慈濟自一九六六年成立至今已有五十六個年頭，從成立之初就致力於「為眾生」——解決人的衣食住行、生老病死等基本的生存問題。同時「為佛教」——規勸大眾深入經藏、齋戒清淨，這正是佛門的「福慧雙修」。

「為眾生」則自利利他，長養慈悲之心。

「為佛教」而自覺覺他，開啟智慧之眼。

人類是渺小的，應當要對大自然心存敬畏，知足節儉。

人類是偉大的，諸佛與一切眾生唯是一心，更無別法。

目錄

示現

弱冠，聞唐土教宗鼎盛，與元曉法師同志西游。

第三章　天下修道　終南爲冠 185

一日，（宣）律師請相公齋，相至坐定既久，天供過時不至。……律師問：今日何故遲？天使曰：滿洞有神兵遮擁不能得入。於是律師知相公有神衛，乃服其道勝。

第四章　歸國教化　法潤海東 259

特蒙先師授茲奧典、仰承上人歸鄉之後，開闡華嚴，宣揚法界無等緣起，重重帝綱，新新佛國。

影響

法性圓融無二相，
諸法不動本來寂；
無名無相絕一切，
證智所知非餘境。

我法平等，高下共均，貴賤同揆。……貧道以法界為家，以盂耕待稔，法身慧命藉此而生矣。

42

示現

第一章　大法西來　三國鼎立

國有玄妙之道，曰風流；設教之源，備詳仙史，實乃包含三教，接化群生。

三千里江山

在正式介紹來自朝鮮半島的主人翁義相大師之前，要先說明一下他所處的時空背景。

朝鮮半島（亦稱韓半島）是位於東北亞，三面環海的一個半島。東北與俄羅斯相連，西北部隔著鴨綠江、圖們江與中國相接，東南隔朝鮮海峽與日本相望，西、南、東分別為黃海、朝鮮海峽、東海環繞。

中國與朝鮮半島山水相連，唇齒相依，自遠古以來，居住在大陸和半島的先民就有許多來往和聯繫。古代中國人與韓國人之間的文化交流源遠流長，有文字記載的交往已有兩千多年，可以說比中日交流的歷史還要悠久。自古以來，朝鮮半島經常充當中日文化交流的橋梁，古代先進的中國文化往往通過朝鮮半島再傳到日本。

朝鮮半島由半島本土和三千三百個大小島嶼組成；半島本土占全境總面積的百分之九十七，境內多山，山地和高原占全境總面積的百分之八十。因朝鮮半島南北跨度有將近三千朝鮮里（朝鮮南北跨度只有一千一百公里，朝鮮里大約是不到三百公尺，那就是三千三百里），因而又稱「三千里江山」。

相傳，在西元前二三三三年（相當於中國古代的夏朝時期），太陽神之子桓雄和熊女（本意是「熊變成的女子」，也可能是以熊為圖騰的部落女子）所生的後代檀君王儉，在現在的北韓首都平壤一帶建立了王儉城，創立了古朝鮮國，是這片半島上第一個統治政權。檀君朝鮮，意思是「寧靜晨曦之國」。檀君統治朝鮮一千五百年。

在西元前一九五年，西漢的燕王盧綰北走匈奴後，其部將衛滿帶領舊部滅掉朝鮮並建立了衛滿朝鮮。衛滿朝鮮的國力相當強大，漢武帝因此於西元前一〇九年派軍遠征衛滿朝鮮。

辰國是位於朝鮮半島南部的政權，西元前二、三世紀定都於漢江以南。辰國被認為是三韓（辰韓、馬韓、弁韓）的前身。

前三國時代是西元前二世紀後，這一時期的主要特點是鐵器的廣泛生產和運用。由於鐵的出現，使得更加堅硬和銳利的武器與農業工具得以廣泛應用，進一步加快了政治上的統一，以及權力與財富的集中。

根據《三國史記》記載，西元前十八年，百濟在馬韓領地中慢慢建立，並逐步將其取替。辰韓中的六個部落則發展成新羅，弁韓被伽倻所吸收，伽倻後又與新羅融合。

進入四世紀以後，樂浪郡被統治朝鮮半島北部的高句麗占領；同時，位於南部的百濟、新羅積極發展自己的勢力，百濟完全消滅了馬韓五十四國，辰韓也由十二國合併為新羅、慕韓、辰韓等數國。朝鮮半島形成了高句麗、新羅、百濟三國鼎立時期，韓國史稱「三國時代」。

對於這片土地，歷代中原王朝一直不怎麼感興趣和重視。究其原因，一是離中原太遠，一直以來也沒有特別的戰略價值；再著，是中原的皇帝們樂於「守業」，而非「擴張」。這種情況一直持續到了隋唐時期，終於發生了變化。

隋朝曾三次征伐高句麗，動用上百萬人，可謂聲勢浩大，卻都無功而返；更因勞民傷財，致使民變頻起，天下大亂，直接導致了隋的滅亡。

第一次征高麗，準確地說是隋煬帝玩政治賭博失敗的產物。

當時的高句麗乘著西晉內亂的機會吞併了遼東襄平、以及樂浪等漢四郡之後，占據遼東，逐步壯大。而隋朝在統一天下之後，對四周諸國不斷用兵，滅亡了吐谷渾，重創了東西突厥，臣服了交趾南詔。放眼天下，唯有遼東彈丸之地還在做垂死掙扎，不肯入朝稱臣。

遼東戰略位置十分重要。如果遼東屬隋，則隋朝兩面夾擊東回突厥，反過來則需要面對兩線作戰的危局；尤其是大業三年，隋煬帝無意中在啟明可汗的王帳中發現了高句麗使者，更加堅定了高句麗與突厥有勾結的疑慮。因此，高句麗始終是一把懸在隋朝頭頂的利劍，不得不打。

事實上，後來的唐朝也意識到了這樣的危險，所以也數次對高句麗用兵，最終將其消滅，設立了安東都護府來管理。

對於隋朝來說，高句麗問題不在於打不打，而在於如何打。在這一點上，好大喜功的隋煬帝在聽從了裴鉅的建議之後，下令徵兵一百一十三萬、民夫兩百萬，分為二十四軍，一日發一軍，連綿九百六十里，漫山遍野地殺向遼東。與其說這是一場戰爭，不如說是一場盛大的閱兵儀式。

《資治通鑑》「大業八年二月條」載：「引曷薩那可汗及高昌王伯雅觀戰處，以懾憚之。」曷薩那是西突厥的可汗，鞠伯雅是高昌國的國王；從此處可知，隋煬帝根本就沒把高句麗放在眼裡，派兵攻打高句麗是為了展現國力，震懾外國，殺雞給猴看。

事實上，高句麗以北的東回突厥此時已經稱臣，高句麗以東的靺鞨與契丹、以西的新羅與百濟，先後投降並派兵助戰；高句麗四面受敵，是真正的孤軍奮戰。而且，隋軍將士英勇用命，於遼河畔大敗高句麗，殲俘近五萬，消滅了高麗主力近半。

隋煬帝本以為，大軍攻入高句麗本土，高句麗就會開城投降，因此嚴令諸侯，任何行動均需奏報，不得擅自作主；還在每一軍中安排受降使者，並傳諭：「高句麗若降，即宜撫納，不得縱兵。」卻想不到，高句麗在明知必敗的情況下居然硬是拚死抵抗；隋軍準備不足，大敗而歸。

這其中還有一個典型事例。隋軍在攻打遼陽城的時候，眼看破城在即，高句麗守將便使計詐降；隋軍主帥不肯受降，卻也不敢擅自攻城，只得飛馬急報上奏皇帝。待隋煬帝的暫停攻城、接受投降的詔命傳回軍營時，高句麗早已利用這一段時間修復好城牆，又重新開戰、繼續抵抗。

稍後，眼看又將破城，高句麗守將又用詐降，相同伎倆往復再三；隋煬帝仍不思悔悟，接連被騙。如果在同一件事情上第一次受騙是單純，第二次受騙是天真，第三次、第四次受騙則可謂是智力低下了。

尤其是第四次，時任隋軍主將的宇文述再一次聽說高句麗人詐降，根本不理隋煬帝，以免重蹈覆轍，抗命繼續攻城，卻久攻不下，士兵疲憊不堪，還在薩水遭到四面合圍，倖存者僅餘千人；只好無奈受詔，最終慘敗而歸。

以上便是隋煬帝第一次征伐高句麗的情況，可謂一敗塗地。

第二次征伐高句麗時，隋煬帝剛把軍隊派到前線，後方大臣楊玄感就起兵造反了，於是被迫鳴金收兵，把軍隊拉回來打楊玄感。耗費數百億銀錢的第二次征伐就如此草草收場。

至於第三次征伐，雙方並未交戰。經過前兩次交鋒，高句麗損失慘重，國力大降，因戰爭帶來的破壞和巨額軍費開支使得高句麗民窮國困，百姓紛紛逃離故鄉；後方的新羅和百濟，趁機發兵侵占了高句麗領地。內憂外患之下，高句麗無力抵擋隋軍進攻；於是，在隋軍抵達遼河之時，高句麗便稱臣投降。隋煬帝大喜，覺得挽回了面子，就接受高句麗的投降，下令大軍班師回朝。

由此可知，隋朝三征高句麗，真正慘敗的其實只有第一次。然而，這三次征戰並沒有徹底征服和消滅高句麗，反而使得隋朝自身元氣大傷、民不聊生，最終走向了毀滅。

隋去，唐來。

大唐顯慶五年（西元六六〇年，新羅武烈王七年），新羅將軍金法敏領兵船一百艘與唐朝大將蘇定方合力圍攻百濟都城，最終成功消滅了百濟。因為金法敏協助唐軍平定百濟有功，所以得到了唐的認可，讓他日後繼承王位獲得了有力的保障。

金法敏為新羅太宗武烈王之長子，生母文明王后為新羅名將金庾信之妹，史書中說金法敏姿表英特、聰明多智。早在永徽初年（西元六五〇年）曾經入唐，被唐高宗授官位以大府卿，這是個名譽職位。返回新羅之後，在太宗武烈王元年（西元六五四年）以波珍飡（真骨四品）身分成為兵部令，亦即軍隊的最高司令官，後又被冊封為太子。

西元六六一年六月，武烈王薨逝，金法敏即位，史稱「文武王」，時年三十有五，可謂年富力強、野心勃勃。這年春夏，雨水豐足，加上沒有特別的自然災害，秋天應該會有好收成，緩解國內食糧的不足。一年前，新羅和唐聯軍與百濟間苦戰時的兩軍補給都要從新羅提供，百姓為此付出了慘痛代價，民不聊生。本來以為戰事可以暫時告一段落；未曾想，新的戰爭即將到來。

文武王即位後不久，入唐宿衛金仁問帶著唐高宗皇帝的口諭回到了新羅，面見文武王。

金仁問稟報：「高宗皇帝已經下令派蘇定方將軍領水陸三十五道兵伐高句麗，讓咱也做好準備，隨時配合唐軍的行動！」

文武王嘆息著說：「父王西歸不過數日，我還是一身喪服。」

金仁問回道：「您雖然是喪服在身，也沒法違抗唐王的命令啊！古語有云，忠孝不能兩全，此言不虛。」

文武王雖有無奈，但命運注定從他還是太子時就已經與唐王緊緊地聯繫在了一起，當下只能從命。不過，為了完成統一三國的大業，就需要藉助大唐的力量來幫助新羅抵禦高句麗和百濟的侵略，一切都可以忍耐！

從此之後的數年間，大唐的軍隊一次次由海路登上這片土地。對許多大唐士兵來說，渡過黃海、踏上新羅的土地只是微不足道的一小步，但整個東亞歷史卻因此結結實實地往前邁進了一大步。

也正是在文武王統治時期，新羅與大唐的聯合軍滅掉了百濟和高句麗，完成了三國的統一。

佛法初傳高句麗

佛教傳入朝鮮半島，是從四世紀的三國時代開始，最早傳入三國之中的高句麗。由於高句麗與中國北方地理相連，自古人民往來頻繁；商業物品交換的同時，文化、宗教的交流也是不會或缺的內容。

目前所見史料中最早記錄佛教傳入高句麗的記載，是梁慧皎所撰《高僧傳．卷四．竺潛傳》中提到，東晉高僧支遁（西元三一四至三六六年）曾給高麗道人寄過介紹竺法深（西元二八六至三七四年）的書信：

> 遁後與高麗道人書云，上座竺法深，中州劉之弟子，體德貞峙，道俗綸綜，往在京邑，維持法綱，內外具瞻，弘道之匠也。

這是有關高句麗佛教的最早記錄，屬民間性的私傳，相對於後來秦王苻堅遣派僧人順道前往贈送佛像與佛經、並留在當地傳道要更早些。這一記載說明，在官方正式傳入佛教之前，佛教已在高句麗民間流傳，也有皈依佛教依之修行的道人——高麗道人；不過，他是否是出家人還有待考證。

從上文書信中可看出，他們對當時中國所流傳的佛教教法、高僧行誼有著極大的關注與興趣。只是，官方此時還沒有對佛教思想進行有意識的倡導與普及；當時的佛教信奉者大多處於一種對佛教的瞻仰與虔誠的信奉之間，對教理並沒有進一步的研習。

官方正式有佛教傳入的記載是高句麗第十七任君主小獸林王（在位時間西元三七一至三八四年）時，經由王室的支持，先是佛像、經典傳入（西元三七二年），兩年後外國僧侶進入（西元三七四年）；再一年後，正式有寺院建立（西元三七五年）。如《三國史記．卷第十八．高句麗本紀》中記載：

> 小獸林王二年，秦王苻堅遣使及浮屠順道送佛像、經文，王遣使回謝，以供方物，立大學，教育子弟。四年，僧阿道來。五年春二月，始創肖門寺以置順道，又創伊弗蘭寺，以置阿道，此海東佛法之始。

歷史上，高句麗曾一度為前燕所壓迫；前燕後來被前秦所滅，高句麗將逃亡而來的燕太傅慕容評執送給前秦，並向苻堅稱臣，加強了彼此間的聯繫。同時，他們開始大量吸收中原文化，鞏固中央集權，佛教就是在這樣的背景下正式傳入高句麗。

小獸林王二年即是西元三七二年，前秦官方派遣順道法師攜帶佛像和佛經入高句麗國傳播佛法，受到小獸林王的歡迎，下令立大學教育貴族子弟，創建寺院令他們安身辦道。這一史料說明了，高句麗國家開始承認佛教；雖然佛教早在此前已有傳播，但正式的官方記載還是第一次，所以稱為「海東佛法之始」。此後，佛教成為官方思想，在王室有意識的倡導下得以普及，這從後來小獸林王將佛教立為國教這一事實中可以得到證實。

又，關於海東傳法，還有東晉孝武帝太元年間（西元三七六至三九六年），中國的白足和尚曇始携帶經典和律典數十部至高句麗宣化佛法的記載。梁《高僧傳．卷十．釋曇始傳》中說：

> 釋曇始，關中人，自出家以後，多有異跡。晉孝武太元之末，賫經律數十部往遼東宣化，顯授三乘，立以歸戒，蓋高句麗聞道之始也。

「太元之末」，大概是在西元三八六年左右，曇始携帶經律來到遼東宣化佛法，比順道晚了約十三年。所謂「聞道之始」大，概是地域原因，計算存有錯誤；但重要的是，曇始給高句麗帶來了較多的經律典籍，大小乘經典並具；

不僅如此，他還設立戒壇，依律為當地僧人授戒，教授羯磨法，真正成立僧團。因此，曇始的到來，不僅豐富了高句麗的佛教典籍，為教理研習帶來了生機，還為高句麗僧團的建立作出了貢獻。曇始在義熙年間（西元四〇五至四一八年）返回中國。

此後，有高句麗僧侶僧朗前往中國求學，對三論的研習頗有心得，對三論宗的發展有所貢獻。透過僧朗的思想和其活動情況，可一窺當時高句麗佛教教學的面貌和水平；同時，也正因為僧朗對三論宗研習頗深，導致現今有關高句麗佛教的研究大多集中在三論宗方向，而忽略其他方面，是幸事也是憾事。以上是高句麗有明文記載佛教傳入之始的情況。

兩晉南北朝時期，高句麗佛教的發展受中國北朝的影響很大，帝王多信佛，百姓好樂佛法，僧人們或前往中國尋師訪道或去日本傳道宣化；來去之間，經論典籍大規模傳入，一時研習之風頓起。且因中國本土多傳大乘經典，信奉大乘，因此高句麗也是以大乘佛教為主，傳播的大多是中國當時流行的經典。據現存史料的記載，常居於平壤城的普德，從山方老僧處聽講《涅槃經》。高句麗僧慧慈法師研習《法華》，並渡日本為聖德太子講《妙法蓮華經》，被尊為國師。同時還有《仁王般若經》、《十地論》、《大智度論》、《摩訶衍論》、《地持論》以及《中論》、《百論》、《十二門論》等經論傳入，僧人們或研習講說、或讀誦，流行一時。

百濟的佛教傳來

根據記載，百濟的佛教是在四世紀後半正式傳入，枕流王元年（西元三八四年），由東晉的梵僧摩羅難陀傳入。百濟佛教受中國南朝影響較大，諸王亦篤信佛教，阿莘王、聖王（又稱聖明王）、威德王、法王、武王等，都是著名的護法仁王。根據現有的史料可以確認，佛教正式得到承認是在聖王（在位五二三至五五四年）統治時期。從那時開始有僧侶的記錄出現，以及大型的寺院得到修建。六世紀初的百濟，高僧輩出，其中以謙益盛弘律宗，受推崇為百濟律宗之鼻祖，最為有名。

在聖王統治時期，高僧謙益懷著研修佛教教理的願望，在聖王四年（西元五二六）到中國，後又去印度，在常伽那大律寺待了五年多。他一邊學梵文，一邊從印度高僧倍達多三藏研修律部，嚴格修行佛戒。他通曉印度語，在掌握梵文後，帶著《阿毗曇藏五部律》回到百濟，受到聖王的熱烈歡迎。後來，聖王讓謙益主持興隆寺，召來國內名僧二十八人，與謙益一起翻譯律部七十二卷。從此，百濟佛教具備了尊重戒律和儀式的特徵。後來，曇旭、惠仁這兩位法師編撰了《律疏》三十六卷獻給聖王，聖王為其著《毗曇新律序》，奉藏於臺耀殿，百濟佛學律學因而得到巨大的發展。

在梁朝求學三十餘載的僧侶發正返回故國後，於聖王五年（西元五二七年）在熊津修建了迄今為止可知的百濟第一座大型寺院大通寺。聖王十六年（西元五三八年）遷都泗沘後，佛教更是得到了進一步的發展。

在泗沘都邑時期，有眾多僧侶求學海外以及國內弘法，更是有《大乘四論玄義記》的編撰。並在首都以及益山等地建立了具有大型木塔的大規模寺院，有名的泰安和瑞山磨崖佛也雕刻完成。

對於這一時期百濟佛教的飛速發展，與聖王的父親武寧王（西元五〇一至五二三年）時代與中國南朝梁的頻繁交流有很大的關聯。眾所周知，梁武帝是中國歷史上有名的崇佛皇帝，並推行崇佛政策；基於政治、文化需求而與梁交好的百濟，自然免不了受到梁朝崇佛的影響。百濟與梁的交流始於武寧王十二年（西元五一二年），以此為契機，佛教得到了積極的受容和發展。

不過，百濟當時對於佛教的受容只是單純作為對中國先進文化的接受而已；也就是說，百濟積極接受佛教的目的，首先是因為看到梁朝崇佛，以及佛教在得到國家的認可後為社會帶來的穩定和文化的發展。在六世紀前半期，百濟與蕭梁保持緊密的關係，確立了自己在東亞的國家位相，並在梁的幫助下在製作磚塊、瓦當等建築技術，雕刻、繪畫等方面也得到了飛速的發展。由此可知，百濟與蕭梁的友好關係是建立在以佛教為載體的基礎之上。百濟把引入的先進文化應用在與新羅、日本的外交關係上，作為與他們交好的資本而使用。與其說百濟受容佛教，不如說是以佛教理念為載體而強化王權、構建國家體系。比如說，百濟聖王就是效仿梁武帝，自封為「轉輪聖王」；一邊強化王權，一邊構建國家體系。

梁武帝在首都修建了大量的寺院和石塔，這是因為受到了阿育王的影響。並在全國各地安奉了八萬四千舍利塔，後世隋文帝也效仿之。百濟的轉輪聖王也不甘其後，他在首都修建了一座大型寺院定林寺，並供奉了舍利塔，應該是受到了梁武帝的影響。成為轉輪聖王自然要積極宣揚佛教，由此可知聖王對於佛教的接受。西元五五二年，百濟給日本發函勸其接受佛教，並稱佛教是最高的真理。西元五四五年，為了祈求一切眾生解脫而塑造了丈六佛像。聖王去世後，其子昌王為了替父王祈福而出家，聖王的女兒藉由供養舍利為父親祈福。

聖王時代透過接受佛教與梁朝交好，在政治、文化方面得到發展，內部則以轉輪聖王的理念強化王權、構建國家政權。也就是說，佛教在這一時期不只是單純的信仰，還具有構築國家政治文化基礎的職能。聖王以梁武帝的治國為參考，構建了以佛教為國家統治和運行的基本體系之佛教治國政策。

聖王時代以佛教作為治國政策的背景，自然與四世紀後半佛教的影響、以及武寧王時期與梁朝在政治文化方面的交流有關；但更重要的是，為了振興自熊津避難（高句麗長壽王南侵百濟，迫使百濟文周王遷都熊津〔今南韓公州市〕，聖王再遷都泗沘〔今南韓扶餘郡〕）之後日漸衰敗的國勢。

聖王對於恢復被高句麗占據的漢江流域有著強烈的企圖，同時積極提高自身影響力，以應對受新羅影響而日益強盛的伽耶地區；包括遷都泗沘和變更國號為南扶餘，都可視為重興政策的一環。為了整備國家體制，完成文化和經濟的增長，在感受到崇佛帶給梁朝的好處之後，聖王決定以梁朝為模範，也全面地接受佛教作為為治國根本方針。

如上所述，聖王以梁朝為基準，構建了自己的佛教治國政策，但並不表示百濟原封不動地接受了梁朝佛教的全部。聖王雖然很積極接受並試圖去理解梁朝佛教，但在當時的情況下，這種理解還是有一定局限性。雖然百濟曾向梁朝請求《涅槃經》相關著述以及修建寺院所需的工匠、畫師等，但是並沒有梁朝僧人直接到百濟傳法，或者百濟派遣僧侶前往梁朝學習。

由此可知，梁朝佛教在百濟的傳播和發展受到一定限制；雖然以梁武帝為榜樣，聖王只能在有限的理解下，構建與梁朝有區別的佛教治國政策。

聖王的佛教治國政策隨著其意外去世而遭遇危機；幸有後續者繼承並發展，方得以延續，比如百濟威德王。「威德王」作為擁護佛教的君王在佛經中多有出現，他使用這一稱號正是表明他以佛教治國的統治理念。

威德王（在位西元五五四至五九八年）在其父王去世後發心出家，並在繼承王位後大量度眾出家，修建寺院和舍利塔，積極地推進崇佛之舉。一方面是為故去的父王祈福，另一方面是為了恢復在與新羅的戰爭中因失利而衰敗的百濟王族權威。他下令在首都修建陵寺、王興寺並供奉了大型的舍利塔，這與以轉輪聖王自居的聖王的行動沒有區別，藉此來收攏民心、統一社稷。在國家內外形勢嚴峻的情況之下，強化了佛教治國政策。

在威德王之後有惠王和法王，對佛教也非常重視；從「惠」和「法」的諡號也可知兩人是崇佛之王。雖然兩人在位時間只有一年多，但都修建了寺院。惠王創建了聖住寺的前身寺院，法王則創建了王興寺並度三十人出家；但是，法王的宏願並未在生前實現，即位第二年就去世的他並未看到王興寺竣工。

此外，法王在繼位後頒布了禁止殺生的政策；這乃是出於佛教慈悲思想的參悟，認為殺生行為違逆佛陀的教法，因而主張不殺生。並在乾旱時親自前往寺院參加祈禱，讓我們看到一位虔誠信奉佛教的王。

惠王、法王之後是武王，也積極地奉行之前的佛教政策。在他統治的四十二年間（西元六〇〇至六四一年），做了許多與佛教有關的事情。他繼承了其父法王的遺志，繼續營造王興寺；歷經三十五年的時間，終於建成了百濟歷史上最宏偉、最壯觀的寺院；而王興寺的存在，也成為百濟佛教興隆發展的重要歷史見證之一。

他還在益山地區修建了帝釋寺和彌勒寺。彌勒寺作為當時三國最大規模的寺院，可說是以舉國之力而建。根據彌勒寺遺址西塔的〈舍利奉安記〉可知，寺院的修建雖然是依據王后之意，但考慮到寺院的規模，應該是受到王室以及上層階級的幫助。由此可知，佛教在武王的統治理念中所占據的地位。

佛教做為百濟治國政策的主要法則，自聖王時代開始一直延續到武王時代，從而使得百濟具有了佛教國家的性格，成為百濟諸王統治國家的主要法則。不過，百濟最後一任國王——義慈王（武王的兒子）崇佛的事例沒能找到相關記錄；從其父王的謚號「武」來看，反而是儒教傾向於佛教，對儒教有更多的關心。雖然沒能找到在他統治時期的崇佛之舉，但對既有的佛教發展也沒有特別的干涉。

百濟佛教對隔海相望的日本也有深遠影響。聖王二十四年（西元五四六年）致贈佛像、經書等與日本，是為佛教傳入日本之開端。此後，至日本弘法的百濟僧侶劇增，主要以弘傳三論和成實二宗為主。

新羅的佛教傳來

儘管在三國之中，新羅建國最早，但由於地理位置和社會發展水平上的原因所造成的文化封閉性，使得其在中國文化的接受和自身文明的進化方面遠遜於高句麗和百濟。此外，佛教傳入高句麗和百濟時受到王室歡迎，王公貴族相繼皈依佛門，但最初傳入新羅時卻被王公貴族們排斥。

新羅的佛教受容，是在法興王十四年（西元五二七年）得到國家的認可開始；但是在這之前，就已經有記載指出佛教的傳入。在五世紀左右，從高句麗而來的僧侶「墨胡子」或者「阿道」就已經向新羅王室傳播了佛教。根據這些記錄可知，新羅的佛教在傳來初期，似乎受到高句麗佛教很大的影響。另一方面，對於法興王時代佛教的受用，還可以理解為：原本對於民間流傳的佛教信仰毫不關心的王室，為了抑制與原有的土著信仰有密切關係的貴族勢力，同時為了強化王權，而對佛教採取了通融的態度。

據傳，在新羅聖王時代，高句麗僧人正方是第一位將佛教傳到新羅的僧侶，卻被官方當做探子和異端逮捕。正方的傳道行動可能是新羅佛教的開始，卻遭到殉教的悲慘命運。此外，一個名為「滅垢玼」的僧人也從高句麗到新羅；新羅人看他剃光頭、身著奇裝異服，認為不吉利，便將滅垢玼處死。

之後，在新羅第十九代訥祇王時期（在位時間西元四一七至四五八年），一個名叫「墨鬍子」的高句麗佛僧潛入新羅，在毛禮宅屋祕密從事傳道。當時，梁國使臣帶來了香作為禮物，但臣下無人瞭解其名稱和用途，國王便指示部下帶香去找墨鬍子打聽其用途。墨鬍子說道：「虔誠焚香可以供養三寶，若至誠發願，則必有靈應。」這時，恰好公主生了疑難病症，於是就召墨鬍子燒香，向三寶祈禱；結果，公主的病果然好了。於是，國王布施厚禮給墨鬍子，使他得到保護，新羅王室藉此因緣開始信佛。不過，由於國王周圍臣僚堅決反對，僧人們還無法自由地在新羅境內傳道。墨鬍子後來又回到高句麗。

第二十一代毗處王時期（在位期間西元四七九至五〇〇年），阿道和尚及隨從三人從高句麗到新羅，又留住毛禮家，致力於佛教傳道。幾年後，阿道去世，侍僧三人留下，講讀經律，信教的人逐漸增加。

第二十三代法興王（在位期間西元五一四至五四〇年）即位後，主張推崇佛教，卻遭群臣反對。一名為「異次頓」的信佛近臣猜到國王的心思，便說：「斬小臣的頭以壓眾議，為佛教與隆犧牲生命，我死而無憾！」

於是，國王召集群臣，再次詢問接受佛教如何，群臣依然拒絕。無奈之下，國王只好將提出異議的異次頓交刑吏處斬。臨死前他大聲說道：「為佛法與隆而受刑，上天必有靈應；我死後，定將出現異常的事情！」

結果，當異次頓被問斬時，先是頭飛了出去，落在慶州金剛山的山脊上；接著，脖子上噴出乳白色的血液，大地一片震動。目睹這些奇異景象的群臣大為震驚，再也不敢詆毀佛教，信奉佛教的大臣逐漸多了起來。

由於異次頓的壯烈殉教，佛教於新羅逐漸興起，促使建設大佛教國家的思想成為可能。

對這些觀點有必要進行更加深入的探討。早在五世紀，新羅在各方面受到高句麗很大的影響，高句麗的佛教當時已經傳入。雖說這一時期的新羅受到高句麗佛教影響的可能性是存在的，但不能根據此點，就說西元五二七年受容佛教的新羅與高句麗佛教具有同樣的特點。

比如，百濟在很早前就傳入了佛教；到了六世紀初，經由聖王而全面普及發展。此時的百濟佛教，不再是最初剛傳來的佛教，而是受到梁朝的影響。新羅的情況也應該類似；亦即，在西元五二七年佛教得到國家認可之前，當時的佛教並不是最初高句麗佛教傳來的樣子，而是存在受到百濟（其源頭在中國南朝）佛教影響的可能性。

實際上，根據最近的考古發現可知，新羅初期佛教受到當時的百濟佛教影響很大。新羅第一座寺院興輪寺，初期使用的瓦當是以百濟大通寺的瓦當為模本，皇龍寺所使用的瓦當也受到了百濟的影響，甚至連伽藍的構造也受到百濟寺院構造的影響。西元五二七年，新羅公開表示接受佛教，此後出現了很多百濟佛教的痕跡。

法興王之後是真興王，他繼承轉輪王思想的原因也應該與百濟佛教的影響有關。史料記載，真興王幾個兒子的名字分別是金輪、銅輪等，可知轉輪王理念對其之影響。真興王晚年出家的情形，與阿育王也有相同之處。《三國遺事》記載，真興王在皇龍寺供奉丈六佛像，是實現了印度阿育王的宿願，這也說明了真興王對於轉輪王思想的認識。他在北漢山等新開拓的國境地區樹立巡狩碑，也是效仿阿育王修建石柱和摩崖法敕之舉。

由此可知，真興王對於轉輪王思想有很強的認知。考慮到當時的情況，自我覺醒或者直接受到中國的影響不太可能；「受到當時百濟聖王的轉輪王思想影響」之說法，應該更為合理。

也就是說，新羅真興王在學習了百濟聖王的轉輪王思想之後，自己再加以闡揚，為自己的兒子們起名為金輪、銅輪，還效仿阿育王修建石柱和摩崖法敕的行動，在各處修建巡狩碑。

如上所述，從考古資料以及思想層面來看，受容佛教之後的新羅受到同時代百濟佛教很大的影響。由此推知，新羅接受中國佛教的過程中，也很有可能受到了百濟佛教的影響。實際上，新羅王室接受佛教後修建興輪寺的時間，正是百濟第一座大規模寺院大通寺創立的西元五二七年。

因為上述原因，要對西元五二七年新羅佛教的容受問題做一番全新的探討。當時的新羅，對於佛教的受容有政治的問題存在；王室與貴族的直接衝突不是針對佛教信仰本身，而是與興輪寺這座大寺院的創建。

當時，不只是民間，王室對於佛教也有一定的認知，只是還沒有摻入政見問題。但隨著西元五二七年王室開始大規模的修建寺院才導致了雙方政見的衝突。根據《海東高僧傳》可知，當時的貴族反對的並不是佛教本身，而是因大興土木所導致的社會問題，所以不滿意法興王修建興輪寺的決定。為了讓讀者更清楚地理解新羅的佛教受容，以下便對當時的新羅王室為什麼要修建一座大型寺院進行說明。

在法興王之前沒有大規模的寺院修建活動；應該是受到了當時鄰國百濟佛教飛速發展的影響，特別是大型寺院的創建，對於新羅王室有很大的震撼，所以開始積極地接受佛教。當然，在高句麗以及南北朝應該都有大型寺院，但都難與西元五二七年新羅王室修建大型寺院的背景相聯繫。

新羅與高句麗當時是敵對關係，與中國則沒有直接交流。應該是因為時下百濟與新羅正交好，看到了百濟聖王主導的佛教治國政策以及對國家體系的整備，讓新羅王室有了改革的意願，從而構成了這一背景。特別是利用當時先進技術修建的大通寺，體現了百濟的改革成果；以此為契機，新羅也以王室為中心進行嘗試。不同之處在於，百濟的大通寺是作為改革的階段性成果，而新羅興輪寺的創立卻是改革的出發點，所以引起了統治勢力之間的矛盾。

另一方面，新羅王室在接受佛教以及創建寺院的過程中，也受到了百濟一定的影響。考慮到當時百濟與新羅的緊密關係，正如之後百濟對日本持續輸入自己的佛教文化、推進日本佛教的發展那樣，其對新羅也應該有類似的行動。因為要與強敵高句麗對峙，百濟就需要與新羅交好，為了獲得新羅的協助而積極努力。法興王八年（西元五二一年），新羅與梁朝建立了往來關係，這可視為百濟與新羅示好中的一步。如此可知，為了增進與新羅的關係，百濟在外交、文化等方面傾其所有，對於佛教文化更是全盤托出，單從佛像或寺院構造等外形方面就可以看出。

在這種理解下，我們要對《三國遺事》中西元五二七年新羅法興王為梁武帝在熊津地區創建大通寺的記載重新解讀。首先，熊津當時還是百濟的首都，法興王在此建寺不大可能；一般以為，這則記錄是把百濟王室誤記為新羅王室，即主導者本是百濟聖王，他為梁武帝建寺，到了後代卻被修改為法興王。

綜合考慮到當時的情況，法興王修建大通寺是不太可能的。但是，大通寺是由法興王創建的這個傳說本身也透露著另外一種訊息，即法興王與大通寺的創建有一定的關聯；他雖然不是創立的主導者，但也許是協助者。

根據《三國遺事》的記載可知，大通寺是為梁武帝而建的可能性很大。因為，當時百濟與梁有緊密的來往，聖王的佛教治國策本身是以梁朝的佛教政策為模本；所以，為梁武帝修建寺院有充足的理由。另一方面，大通寺的建立與以往不同，採用了從梁朝學習的先進技術；百濟可以透過為梁武帝修建寺院這樣的名目，來獲得梁朝寺院建築的技術。

同時，通過百濟而與梁交好的新羅也在其中；所以，當百濟計畫為梁武帝修建寺院時，也可能會向新羅王室提出邀請共同參與。新羅可以藉由提供所需物資而參與，進一步增進與梁朝的交流；百濟則可以透過讓新羅參與大通寺的創建而搭建梁朝與新羅的聯繫平臺，並進一步獲得兩國的信任與合作。相較於新羅，也許百濟王室的意願更強烈也不一定。

如前所述，百濟的佛教治國策及在此之上建立的安定王權、政治文化的發展，是促使新羅法興王採取同樣國策的動機所在。更甚者，也許是法興王在親自參與過創建百濟大通寺後，也產生了在新羅建造同樣的寺院並推行佛教治國策的想法。但是，新羅的貴族們反對法興王的這一計畫，他們其實不是為了固守傳統信仰，而是反對奉行與百濟相同的佛教治國策。一方面可以理解為，是反對佛教治國策中的強化王權部分，又或者是反對法興王為了創建寺院而與百濟有頻繁的交流所致。

法興王最終平息了貴族的反對，把創建興輪寺作為國家政策，並以此為基礎推進佛教治國策。這種佛教治國策被其後繼者真興王繼承，完成了以此為基礎的穩固中央集權國家體系；真興王時代修建的興輪寺、皇龍寺等寺院，正是這種佛教治國策的象徵性產物。

興輪寺、皇龍寺的初期建築樣式，以及新羅王室的轉輪王認知，都體現出新羅在受容佛教後仍然受到百濟佛教很大的影響。但是，隨著西元五五四年百濟聖王對新羅的遠征並戰死沙場，兩國外交中斷，百濟佛教的影響力方隨之減弱。此時，新羅直接與中國南朝交流，輸入先進的佛教文化，並在接受高句麗舊地佛教文化的基礎上構建了自己獨有的佛教文化。但是，在新羅初期佛教成立過程中發揮了重要作用的百濟佛教，其影響同樣不會輕易消失。

真智王時期，首都慶州興輪寺僧人真慈為了學習彌勒信仰而前往熊津；善德女王時代在修建皇龍寺木塔時，亦有百濟出身的「阿非知」參與。由此可見，新羅佛教界對於百濟佛教的發展一直有關注，並且一直有交流。但是，在新羅的記載中可能有意地刪除了佛教容受過程以及之後百濟佛教的影響，這可以理解為百濟聖王之後兩國的對立關係，以及新羅消滅了百濟後、為了抹除百濟對其影響所採取的舉措。

法興王的兒子真興王繼承父王的遺志，努力振興佛教。他在位期間熱衷於斷俗寺、法住寺等大伽藍，並用三萬餘斤銅在皇龍寺鑄造了丈六高的佛像，在佛教營造事業立下豐功偉績。真興王執政時期，他請來高句麗從軍僧惠亮，任命其為僧統，從此開始設百座講會和八關齋。真興王十四年，先是到天竺求法的義信回國，用白騾滿載佛經而歸；後有陳國文帝遣劉思隨留學僧明觀到新羅，送來經論多達兩千七百卷，這批自中國傳入的經典豐富了新羅佛教。

法興王為新羅開拓了弘傳之路，真興王則盡了巨大的努力來振興佛教，之後的真智王、真平王、善德王等均篤信佛教，並往中國派遣了許多留學僧；這些僧人無論是在研究佛法上，還是在輸入中國文化方面都做出了很大的貢獻。新羅佛教從進入勃興時代起，歷代國王不僅建伽藍，而且為奉贊佛陀慈願，製作了無數的佛教藝術作品，這也為新羅佛教傳播普及創造了有利的條件。

自此，佛教在新羅迎來了高速發展的時期。在這一時期有兩位高僧頗具影響力，他們是分別是圓光（西元五三一至六三〇年）和慈藏（西元五九〇至六五八年）。

圓光法師與花郎道

圓光法師，俗姓朴，二十五歲時渡海到陳朝學法，兼習儒業，曾拜成實論師僧虔為師；因此，對《成實論》、《大涅槃經》等最有心得。後來，他又到吳國虎丘山修行講學。圓光對信徒講解《成實論》和《般若經》，名聲漸聞於世。隋初，他來到隋朝國都長安，講習《攝大乘論》，為時人所器重。新羅聞其盛名請回國中，受到真平王崇信，尊為王師，常邀之參與軍政事宜。

高句麗、百濟發兵攻打新羅之時，圓光應國王之請向隋朝作〈乞師表〉，請隋帝派兵援救。這一時期雖邊境很亂，但國家精神大為高張，民間組織「花郎團」興起。圓光針對新羅的佛教信仰和社會狀況，溝通佛法戒律，提出了「世俗五戒」，即「事君以忠、事親以孝、交友以信、臨戰無退、殺生有擇」。其中的忠、孝、信等幾條規範，都與中國提倡的儒家思想相吻合。這種思想不但是積極的出世佛論，而且被世俗所推崇。

為了在新羅弘揚大乘佛教，圓光作出了不懈努力，撰寫了《如來藏經私記》和《大方等如來藏經疏》等著作，在培養後人方面也作出了極大努力，成為新羅佛教的開拓者。

在新羅古代，選美、審美活動是廣泛徵集人材的主要方法。由於少女間的嫉妒行為引發過許多不幸事件，所以就改為以美男代替美女重開審美活動；而在資格選拔上，美男的選擇要比美女更加嚴格。參選者必須是德行高尚的良家子弟，不僅要外形美，還要將門第、品德等內在美也列為選拔標準。選出的美男將代替原來的「源花」（或原花，一種女性官職，據說為花郎的指導者）成為審美的主角，稱為「花郎」。

「花郎」本身就是「選士」，即國家所聘之人才，未來會成為左右國家與衰，榮辱成敗的關鍵人物，成為實現國家至高理念的生力軍。而「花郎」的精神信仰、思想理念、行為規範逐漸演繹為「花郎道」，也稱作「風流道」。在某種意義上，「花郎道」可說是新羅時代的核心與精華，是新羅精神的凝結體。

新羅學者崔致遠（西元八五七至？）在他的名著〈鸞郎碑序〉中如是說：

> 國有玄妙之道，曰風流；設教之源，備詳仙史，實乃包含三教，接化群生。且如入則孝於家，出則忠於國，魯司寇之旨也；處無為之事，行不言之教，

周柱史之宗也；諸惡莫作，諸善奉行，竺乾太子之化也。

這一著名的碑序文，對於花郎道形成的根源和內容實質作了精闢的論述。其要點強調了花郎道是儒釋道三教和合的產物。

這裡，值得注意的是新羅汲取的中國儒釋道三教的性質問題。當時，新羅吸取的中國儒教是先秦時代重視實踐道義的原始儒家思想。而「道教」也非宗教性的，而是結合自然主義的老子和智慧主義的莊子精神自由之道家思想。再者，佛教也是中國化的天台、華嚴與純粹宗教性的涅槃、淨土、彌勒思想。上述三教是在現實基礎上建設理想國家時，適於擔當重要角色的因素。

儒教的道義規範人生的意義和價值所在，使人自覺；道教的精神自由擴大了生活的浪漫與智慧，佛教的佛國淨土則予以實現並具體化。花郎道的精神，就是在汲取並和合這種三教的基礎上而形成的。

其一，花郎道對儒教的融合。花郎道把儒教作為花郎和花郎徒的道德倫理修煉依據。《三國遺事》中記錄，那個時候的人們改惡從善、上順下敬，「五常」和「六藝」、「三師」和「六正」都廣行於當世。

這裡的「五常」，是指儒教的仁、義、禮、智、信五個德目，表示父義、母慈、兄友、弟恭、子孝的儒教思想。「六藝」則指禮、樂、射、御、書、數，這是儒教的科目。「三師」指帝王最高的輔佐官太郎、太傅、太保，「六正」則是六種部類持正確態度的大臣，即聖臣、忠臣、良臣、智臣、貞臣、直臣。

由此可見，花郎道在培養高潔的心志、豁達的氣質以及陶冶心身如一、言行一致等人格方面，基本上是以研修儒教實踐倫理所講的「道義」作為精神教育的基礎。在儒教實踐倫理培育下的花郎，多是仁義道德的君子。

《三國史記》記載，西元五六二年，加耶發生了叛亂，真興王命伊湌（二等官）異斯夫前往討伐。與他同往的花郎稗將斯多含，主動請命打先鋒，隨其而來的花郎徒至少一千餘人；由於他掌握了戰機，英勇殺敵，最後取得了勝利。斯多含當時年僅十六歲；作為戰利品，斯多含接受俘虜三百多人，但出於儒教思想的教育，他將戰俘作為良民放回。王雖下賜好地，但他不受重賞，只請求賜給瘀川邊的不毛之地。

另一方面，在儒教重義思想教育下，斯多含與一叫作武官郎的人結為知己，宣誓雖不能同生但要同死。武官郎因病死去，斯多含悲痛萬分，七天之後也抑鬱而終，年方十七歲。

關於斯多含的上述記載，大概是有關花郎的最早記錄。從斯多含的精神中，可以看到愛國、愛百姓、清廉正直和對親友篤厚的信義；可以說，這是修己和安民的儒教實踐理念被新羅花郎接受之後的具體體現。

其二，花郎道對佛教的融合。佛教精神對花郎的成長有著巨大影響。可以說，「花郎道」的「道」之根本為「世俗五戒」，是與佛教精神相互融合而形成的。所以，新羅從創設花郎道開始，就有意識地將佛教思想與花郎精神相互融合。例如，花郎徒的成員中就包含僧侶，這些僧侶稱作「僧侶郎徒」。僧侶郎徒不是年齡很小的郎徒，而是具有相當身分和品位的佛教僧侶。從現存史料來看，最初的僧侶郎徒真慈就是真智王時有名的僧侶。僧侶郎徒的存在，是以佛教教育出來的人品來發揮花郎顧問的作用，並成為其模範，以求花郎道迅速成長與壯大。

花郎道的價值觀念是早成大志，獻出生命；這種生死觀是為國家和民族而生，為義理和價值而死。如果得到這樣的死，來世就可以永葆青春。顯然，這是以因果報應為基礎的佛教生死觀。

其三，花郎道對道教的融和。韓國學術界有一種觀點認為，新羅建國初期在治國方面採用老莊無為之治。即：

又以新羅政體觀之，則頗得老莊無為之真髓；其為國之道，暗與黃老合。然無其為老之名，而實已行於為國；如新羅之得其精，蓋不學而能之也。

這表明，道教思想是構成花郎道的一個組成要素。而花郎豪放不羈的舉止行動，不為齷齪俗事而執著的品行，在四方雲遊中相磨相琢的行為，都與道教有著密切關係。花郎道以道教的「處無為之事，行不言之教」，逍遙於山水之間，漫游於自然之中，作為陶冶情操、研摩武藝的一種形式。

綜合以上可知，花郎道融合了儒釋道三教思想；但這種融合不是機械地照抄，不是簡單的模仿，而是一種創造性的和合。

從宏觀方面看，花郎道是以具有道教要素的玄妙之道為器（如同消化器官）、以三教為物（如同食物）的「器物和合」。即是說，外來的三教如同食物，被「玄妙之道」這一消化器官消化吸收後，成為韓國肌體的一部分。

從微觀方面看，花郎道吸收了儒教的「忠孝」思想、佛教的「諸惡莫作，諸善奉行」的教誨和道教的「處無為之事，行不言之教」的訓條，在自然領悟的基礎上，將三教綜合，使得儒教不僅是一種倫理，佛教不僅是一種戒律，道教不僅是一種處世原則，而是互相滲透、相互補充。

也就是說，花郎道將儒教的忠孝觀、道教的無為觀、佛教的善惡觀有機地融合在一起。值得我們注意的另一重要事實是，儒、道、佛三教各自包括著完全不同的、廣泛的主張和理論，而新羅人能夠妥貼地將其重點加以總結，使之成為一個綜合體，去理解和實踐。實踐勝於說教，從更高的層面去分析除惡行善，特別是提倡居家講孝道、臨國講忠誠，這就不再單純的是儒教道德觀及佛教的戒律理想，而是向更具深度與廣度的真理過渡。

圓光法師的「世俗五戒」，就是對花郎道融合儒釋道的最好註釋。從「五戒」的德目（忠、孝、信、勇、節制）而言，似乎更接近於儒教的思想；然而，這裡的忠、孝、信不可僅視為儒教思想，也不可將節制僅當成佛教或道教的思想；因為，這裡的每一戒都是三教和合。

「事君以忠」：「忠」是儒教修煉的第一德目和最偉大的功名。盡己與盡心的忠是正德，也是令德，而擴充後的忠是完全奉公；換言之，忠本來是自我的完成，後發展為對國家的獻身服務。對為政者來說，忠是對臣下的要求；對臣來說，忠是道義上不得不遵奉的至上義務。

花郎五戒中，以「事君以忠」為第一戒目，這是因為忠有國家層次上的意義。在新羅，佛教居於帝王或國家之下；也就是說，新羅主張國家至上，佛教的存在只是為了實現以佛教思想教化君臣萬民。由於新羅如此標榜國家至上主義，因而產生了中國佛教未提及的「事君以忠」這一戒。

道教也講「忠」，並把「事君為忠」作為一條戒律。在國家至上主義的新羅，道教具有更濃厚的忠君色彩。《三國史記・金庾信傳》中曾記載這樣一個片段：庾信十七歲時，隻身進入中嶽的石窟，齋戒告天，祈願賜予統一三韓成功的力量。就在此時，突然出現一位神異的老人，向他傳授祕法方術。之後，庾信在統一三韓的征戰中立下了汗馬功勞，被譽為「威武花郎」。

「事親以孝」：儒教將孝視為德目之依歸，《孝經》說：「夫孝，德之本也，教之所由生也。」儒教並將男女婚姻、生育兒女、奉養父母、傳宗接代視為孝的表現，如《孟子・離婁上》：「不孝有三，無後為大。」

乍看之下，儒教的孝與佛教的僧侶生活相悖，但佛教典籍中也有以孝為至大德目的記載。如同儒家的《孝經》，佛教有《孝子報恩經》等，記述了佛教關於孝的故事；而且，佛教的孝比儒教的孝的意義更為廣泛。唐代宗密的《盂蘭盆經疏》中云：「戒雖萬行，以孝為宗。」《梵網經》亦云：「一切男子，是我父；一切女人，是我母。」

元曉大師在《梵網經菩薩戒本私記》中說：

孝順者……以律儀戒為孝，以攝正法戒及攝眾生戒為順，二者以受體為孝，以隨行為順。

元曉在此將「孝順」二字分別加以解釋，將「孝」視為律義、正當等戒之體，並以「順」為用。

道教將「不得不孝」視為第一戒。《太上大道玉清經．卷一．本起品》說：「天尊告曰，第一戒者，不得違戾父母師長，反逆不孝。」孝不只是儒教的「萬德之本，百教之由」，也是佛教和道教的「萬戒之宗，百法之至。」

「交友以信」：「信」是儒釋道三教共識的德目。儒教五常講「仁義禮智信」，佛教曰：「不妄言，信也。」道教講：「與人友言則信於交。」

「臨戰無退」：這可以說是「事君以忠」的實踐運用，亦是新羅人的戰爭哲學觀；所以，「臨戰無退」在花郎五戒中占有重要地位。考察新羅戰爭史，可以看到「臨戰無退」在新羅統一三韓中發揮了的重要作用。由花郎們臨戰無退、以死督戰的史實，可知新羅人嚴格執行「臨戰無退」的決心。由這種信仰表現出來的大無畏精神，也是花郎道自我主體意識和生死義理價值觀的反映。

「臨戰無退」與上述三戒的忠、孝、信具有直接關係。這是因為，新羅人堅信自己的犧牲必大有助於種族與國家的興盛。也就是說，新羅舉國上下為了實現理想國家，都願奉獻己身，於是朝野中呈現出相互信賴的風氣。

「殺生有擇」：儒教的「殺生有擇」是以「好生惡死」為其根本精神。人類生活在有差別的世界上，所以不能毫不殺生。對動植物的殺生，主要在實用的層面，如孟子所說：「數罟不入洿池，魚鱉不可勝食也；斧斤以時入山林，林木不可勝用也。」這是儒家有關殺生有擇的典型例句。

禁止殺生是宗教表現慈愛的最具代表性的行為。但是，佛教和道教並非一邊倒向「不殺」，而是如同儒教一樣有「殺生有擇」的教戒。圓光提出的「殺生有擇」戒條內容，兼備佛教的宗教禁忌和儒教的實用性。

在積極的層面，佛教對於守護正法、有益眾生的事，不得已須殺生時也允許殺生，並予以正當化。如《瑜伽師地論》云：「菩薩戒中，若見利益亦許殺生。」《娑婆論》亦云：「虎豹豺狼蛇等，傷害加人，殺之無罪。」《梵網經古跡記》則云：「若欲放火啟命損物，別得殺盜。」可見，佛教允許殺生的重要目的是衛護正法。新羅是一個具體、現實地建設佛法的國家，所以對於阻礙建設的任何存在，應以維護正當的菩薩義務加以排除。

道教關於「殺生有擇」，除了像佛教那樣出於守衛正法外，還主張要順其自然，無為而為。如道教的科律（即戒律）云：「依《月令》，春夏禁殺。」《月令》記述了每年農曆十二個月的時令及與其相關的農作物、動物的發育、生長的關係。比如《月令》中提到，孟春之月犧牲勿用牝，禁止伐木，勿殺幼蟲、飛鳥、母（初生獸為麛）、母卵；季春之月田獵禁用罝罘、羅網、偽獸藥等捕鳥獸工具；仲春之月祀不用犧牲等。所以，道教講的「依《月令》春夏禁殺」的意思是說，春夏季正是生物發育生長的季節，必須禁殺，這是擇時擇物；而春夏禁殺，是為了等待生物繁殖成熟後，以獲取更多更大的果實。這就是道教所主張的自然而然、無為而無不為的「處無為之事、行不言之教。」

而圓光對「殺生有擇」的解說，也反映了這一思想。例如，他說六齋日和春夏之季不殺生，是擇時；馬牛雞犬使畜和肉不足一臠的細物不殺，是擇物。擇時、擇物的目的是為了獲取更大的利益。

在這裡，忠孝、善惡、無為不僅是儒教、佛教、道教的專利，更具備了某種普世性；也就是說，忠孝、善惡、無為三者融會貫通為一個整體。以「世俗五戒」的形式表現出來。「世俗五戒」既是儒家的倫理條目，又是佛教的修身戒律，也是道教的處世準則；總之，它是花郎所依據的時代要求。這種三教融會思想在當時新羅統一三韓的現實鬥爭中，通過花郎的實踐活動得以體現。例如，曾向圓光法師徵求戒銘的花郎貴山和帚項就以三教和合的五戒反省自身，為統一新羅獻出了生命。

根據統一新羅時期的政治意圖創設的花郎道，以儒釋道三教和合為其基本內容，結果是形成了花郎道的時代精神——主體意識。這種主體意識在新羅統一三國的過程中發揮了重要作用，由此也演化為韓國今日的民族性。

總之，圓光的「世俗五戒」成為花郎必備的倫理綱領。如此，圓光作為新羅佛教界的法王，也同時成為了青少年群體——「花郎」的精神指導者。

慈藏入唐

新羅與唐關係密切的時候，正是百濟和高句麗兩個政權滅亡之時，新羅與唐親密的目的就有了變化，從最初的依附、尋求庇護，逐漸變成了學習大唐的先進文化為主要目的，尤其在後來的八九世紀，新羅人在唐的活動達到了頂峰。大規模地前往唐朝，不僅表現在與官方的交往密切，還表現在民間人員的頻繁活動；這一時期，不僅是新羅的外交使臣、留學生來到唐朝，而且有更多新羅求法僧入唐求法。

在這眾多的入唐求法僧之後，有一位非常著名的法師，他就是慈藏法師，後來成為義相的剃度恩師。這段佳話稍後再續，此處先單表慈藏。

法師是生活在新羅善德女王時代的僧人。俗姓金，父親金茂林，為辰韓的真骨貴族，任職蘇判（三級爵名），為官清廉，最大的遺憾是無子嗣承歡膝下。為了求得一子，金茂林廣為布施供養，造千尊觀音像，並發願：若能喜獲麟兒，則其子成長後願將之奉獻佛教，以廣度眾生。不久，金妻夢見吉星入懷而有孕，十個月後慈藏誕生，正是四月八日佛誕節，父母為之命名善宗郎。古書中說，慈藏自幼神志澄睿，文思豐盈；待及長大，嘗周覽經史百家，夙懷出世之志。

有關慈藏的修道以及出家的過程，《續高僧傳》以及《三國遺事》中都提到，他因其父母早亡，感悟人生無常，決意棄俗尋幽。遂辭別妻子，捨田園改建成「元寧寺」刻苦修行。為了更徹底地實踐佛陀的教導，慈藏選擇入山隱居，行頭陀苦行。

時新羅王室缺乏臺輔，公卿貴族一致推舉真骨出身的慈藏，但慈藏屢受徵召均不應命。最後，為了不為難奉命而來的官員，他請官員轉告國王：

吾寧持戒一日而死，不願一生破戒而生！

國王聽到這樣的回覆，不禁為慈藏的大無畏精神而感動，知其志不可奪，遂不再打擾其修道之心。之後，慈藏潛隱深山，與外界斷絕往來，即使糧斷食缺，依然不改其苦修的心志，因此感動異鳥各銜諸果前來供養，而使飲食無虞，精勤於修道。

某夜，慈藏夢見兩位莊嚴的天人來到他的面前，對他說：「吾等自忉利天而來，受你精誠所感，特為你傳授五戒。」

說完之後，一時間天花亂墜，大地震動，兩位天人授與慈藏五戒，授戒畢兩人騰空消失。慈藏從夢中醒來，既得戒體，又受到天人教誨，當下感恩不盡。

慈藏在潛心鑽研佛法之後，感嘆自己生於佛法不興之邊壤因而希求大法，於是向國王奏明意向，率領門人僧實等十餘人起身入唐求法。

關於慈藏的入唐年代，有西元六三六年以及西元六三八年兩種說法。《續高僧傳》、《法苑珠林》中記載慈藏是在西元六三八年入唐，〈皇龍寺九層木塔刹柱本記〉（編撰時間西元八七二年）中也記載慈藏是在新羅仁平五年（西元六三八年）聖德女王即位的第七年——即貞觀十二年——隨使臣入唐。

但是，在《三國史記》中記載，慈藏是在貞觀十年（西元六三六年）入唐的；《三國遺事》中也記載，慈藏在善德王五年（貞觀十年，西元六三六年）西行求法，先往五臺山參拜，到達長安的時間是在六三八年。本文以中國的史料記載為準，取西元六三八年說。

根據史料記載，入唐之後，慈藏先至五臺山禮拜文殊菩薩塑像。慈藏在石像前虔誠祈禱七日後，夢見文殊菩薩摩頂、授梵偈，可惜慈藏不能解其含義。

翌日，一位胡僧捧著緋羅金點袈裟一領、佛鉢一具、佛頭骨一片，來到慈藏眼前。正為四句偈苦思不得其解的慈藏，立即趨前問訊，並試著請教梵偈的內容，異僧為其釋云：

了知一切法，自性無所有；如是解法性，即見盧舍那。

隨後，梵僧將袈裟等法物交託慈藏，並咐囑慈藏好好守護、供養，而後離去。慈藏深思偈中法意，並對珍貴的袈裟、頭骨、佛缽、舍利等頂禮百拜，發願要將大法廣布新羅，然後再次踏上往長安的旅途。

到達長安之後，慈藏先前往空觀寺從法常（西元五六七至六四五年）受菩薩戒並留下奉事師長。法常是當時遠近聞名的高僧，皇帝甚至下敕令為皇儲授菩薩戒，可謂禮敬之極。貞觀九年（西元六三五）又奉敕召，入為皇后戒師。

見過高僧之後，慈藏才進宮面謁唐太宗；太宗對他一番禮遇，賜予下榻勝光別院，並以厚禮接待。唐太宗對其善待有加，或是基於個人目的，亦或是與慈藏出身新羅貴族有關；種種跡象都顯示，他入唐的目的不只是作為一個出家人來學習佛法那麼簡單。

因為唐代一般人缺乏海洋觀念；地理條件的限制，導致唐人對新羅人的印象有著非常濃厚的神祕色彩；所以，聽說有從海東新羅來的高僧時，長安各地的善男信女蜂擁而至；據說，前來求受戒法者日有千餘人。這著實讓慈藏不堪其擾，遂上表請准遷入終南山，在雲際寺東方一處斷崖邊築小屋而居。

如此過了三年。

貞觀十七年（西元六四三），新羅國善德女王上表唐太宗，請准慈藏回國。太宗遂詔請慈藏入宮，賞賜衲衣一領、雜彩五百段，東宮太子亦賜二百段，並於弘福寺設大齋供養諸大德。慈藏以新羅的經像雕落未全，向唐太宗懇求迎請，獲慷慨應允，賜予大藏經一部四百餘函，佛像、幢幡、花蓋等若干。慈藏多年來的心願，就是把他在大唐的見聞以及大唐先進的佛教文化傳回新羅，在這心願即將達成之際，他的心情可謂百感交集。

前面提到，慈藏入唐後受到唐太宗的禮遇，回國前又得到太宗以及東宮厚待；當時對佛教並不算友好的太宗，為何對這個外國僧侶獨愛有加呢？

一方面，也許是因為慈藏出身真骨貴族，在新羅朝廷中有一定地位；另一方面，當時新羅僧侶不只是作為宗教教職人員，還在統治階層中占有一席之地，參與國家治理。

善德女王執政後期（西元六四〇至六四六年），中古王室面臨著內憂外患的雙重危機。對內，「聖骨」出身的女王，其治國能力遭到懷疑，派系紛爭不斷，國王的統治力受到嚴重影響；對外，則受到高句麗和百濟的聯合攻擊。為了擺脫這不利局面，新羅一面重組軍事力量，一面積極與唐展開外交活動。

《三國史記》卷五記載，善德王十一年（西元六四二年）秋七月，百濟王義慈大舉兵攻取國西四十餘城；八月又與高句麗謀欲取黨項城，以絕歸唐之路。王遣使告急於太宗；是月，百濟將軍允忠領兵攻拔大耶城，都督伊飡品釋捨知竹竹龍石等殉國。

在這種內憂外患的局面之下，應善德女王之請，慈藏攜帶太宗賜予的大藏經、佛像等踏上了歸途。

貞觀十七年（西元六四三年）三月十六日，一艘來自大唐的使船緩緩地停靠在河曲縣的絲浦碼頭，慈藏為期六年的入唐求法生活至此畫上圓滿的句號。他將要面對的乃是新羅動盪的政局變化，可說他的歸國有臨危受命之意；這也決定了，他歸國後位於政治中心參與政治活動的必然性。

善德女王請其駐錫皇福寺為國祈福，供養優渥。不久，應女王之請，至宮中宣講《攝大乘論》，歷時三個月。之後，又於皇龍寺講《菩薩戒本》，七日七夜天降甘露，雲霧暗靄，覆蓋整個講堂，緇素四眾咸共感戴慈藏威德。

新羅佛教傳來已有百年歷史，對於寺院儀規卻付之闕如，亟需一套律則規範來合理運作。善德女王見慈藏德高望重，乃敕封其為「大國統」，相當於「僧皇」，授權制定全國僧尼的一切儀規。

慈藏受命之後，立即著手訂定辦法規章。例如，每半月說戒，冬春之際會試，令知持犯，並設置人員管理，維持會試的制度。在寺院管理方面，派遣巡察人員至各寺院檢閱，對於僧尼之過，也有完整的策勵規約。

在此過程中，慈藏還向善德女王上奏，請來了百濟的能工巧匠阿非知，花了三年時間在皇龍寺建了九層塔。

此時，佛法在新羅臻於鼎盛，百姓十之八九皆受戒奉佛，祝髮請度者難以計數，因而創立通度寺，建築戒壇，廣度僧眾。通度寺即今日韓國三寶寺院之「佛寶寺院」（另兩座分別是「法寶寺院」海印寺、「僧寶寺院」松廣寺）。

慈藏又以唐服莊嚴儒雅，向朝廷上表建議，仿為韓服。國王與大臣議決通過，於是在真德女王三年（貞觀二十三年，西元六四九年），明令全國以唐服為新羅的服裝；次年，唐高宗即位，真德女王亦將年號改為永徽元年。服裝與年號的統一，縮短了兩國時空的距離，增進了文化的融和。

晚年，慈藏辭別京都來到江陵郡，駐錫水多寺。某日，慈藏夢見一位異僧，約定次日於大松汀相見。慈藏早早趕往大松汀，竟然見到文殊大士；慈藏欣喜萬分，殷殷諮詢法要。文殊大士與他約定，下回於太伯葛蟠地相見。

半月後，慈藏帶著侍者到了太伯山，見到一條巨大的蟒蛇盤繞樹下，於是對侍者說：「這就是我要找的葛蟠地。」就在這裡修建了石南院（今淨岩寺），恭候文殊菩薩蒞臨。

過了許久，某日來了一位老婦人，身著方袍，衣衫襤褸，肩上背著一個葛藤籃子，裡面裝著一隻死狗，來到寺院，告訴向她詢問的侍者：「你叫慈藏來，我要見他。」

侍者一聽，有些不屑地說道：「妳是什麼人，竟然直呼我師名諱？」

老婦人微笑答道：「你只管傳達便是。」

侍者雖傳達，內心卻早已生起大我慢，轉告慈藏時，言語充滿不屑。

慈藏聽了侍者的轉述後說：「既如你所言，趕她走就是！」

於是侍者回到門前，大聲斥責老婦人，並驅趕她。

老婦人無奈地搖搖頭：「算了！執著於我相的人，哪能見得了我？」

說完，就把籃子倒空，拂塵一掃，剎那間死狗化為師子寶座，老婦人化作文殊菩薩登座放光而去。一旁的侍者見狀，急忙回屋稟報。

慈藏聞之震驚，即刻循著光芒追去，但菩薩早已杳無蹤影。慈藏悔嘆，由於自己的我慢，竟與聖賢失之交臂，當下盤坐不起，數日後竟在此坐化。

終其一生，慈藏擔任僧統規範管理，建造佛塔為國祈福，營造戒壇續佛慧命，不可不謂功德無量；甚至在人生的最後時刻，為我們展現了一場精彩的表演，告訴我們不可以瞧不起任何一個人，也不要執著於外在的表象。

慈藏入唐求法，既有他個人的宗教追求，也有著新羅的國家所需。縱觀新羅與唐的交往歷史，在唐王朝近三百年的時光，新羅人源源不斷地來到唐朝。

作為使者，入唐是為了幫助新羅王室取得唐朝的信任或尋求幫助。

作為僧人，入唐是為學習燦爛的佛教文化，自利利他，自覺覺他。

作為學生，入唐是為了學習先進的文化知識，為了個人的功名利祿。

作為平民，入唐是為了躲避天災或者人禍，尋找一方生存之地。

對新羅人來說，大唐的強大體現在文化、經濟等各方面，使得新羅不得不依附於它來求得自身的發展，重視留學生和留學僧、重用唐朝歸來的人才就顯得十分必要。這些就是新羅源源不斷派遣學生和僧人前去學習的原因。

有意思的是，在唐人的眼裡，新羅是一個充滿神祕色彩的未知國度：「新羅人是從海裡來的。」之所以這麼想，是因為大唐地理條件的限制，導致唐人缺乏對於海洋的觀念，從而使得唐人對海洋那端的新羅有著非常濃厚的興趣。

以下，本書的主人翁，來自海東神祕國度——新羅的義相大師，正式登場。

第二章　為法忘軀　入唐求法

釋義湘，俗姓朴，雞林府人也。生且英奇，長而出離；逍遙入道，性分天然。年臨弱冠，聞唐土教宗鼎盛，與元曉法師同志西游。

童年多舛

西元六二五年，唐高祖神堯大聖光孝皇帝武德八年，當時的大唐，還在與突厥不停周旋中。而朝鮮半島的高句麗、百濟、新羅三國也以漢江流域為中心，為了爭奪支配權而征戰不斷。

這一年的三月十五日，新羅首都慶州城內，義相大師出生在金韓信的家中。呱呱落地之後，他被取名為「日芝」，意思就是採取日月精華的靈芝，可見父母對於他的關愛。

相較於元曉大師出生時的種種祥瑞，史上所載之義相的出生情景可說是平淡無奇，這似乎有些不合常理。因為，自古以來，偉大人物的出生必伴有玄奧的異象，藉此錦上添花。然而，義相的父母沒有見到神龍在天，也沒有見到佛光四射，更沒有見到神仙下凡送子。世上雖有「事後諸葛亮」，對於義相的出生卻沒有任何添色。

其實，義相的父母可不是一般的平民百姓。他的父親金韓信，是新羅第二十二代王——智證王的五代孫，是王族之後；義相的母親先那夫人則是新羅始祖——朴赫居世的第二十二代後人，也是名門貴族。

由此可知，義相家族之顯赫，絕非一般人所能比擬；也正是因為這樣的出身，他可以順利地出家、入唐求法乃至於回國後大興法門，都與其出身有著密切的關係。

「朴赫居世」

朴赫居世是朝鮮半島三國時期新羅的始祖。據《三國史記》和《三國遺事》記載，朴赫居世生於從天而降的巨蛋中；十三歲大的時候，六個村莊的首領推崇該男孩為國王，定國號為徐羅伐，後與龍的女兒金氏完婚。

在之前的韓國史中，有關新羅建國時期一直以來是一個未解之謎，因為文獻記錄和考古學上的調查結果並不相符。直到西元二〇〇四年春，慶州公開了一個重大考古發現，解開了祕密。人們在蘿井發現了一口新羅早期的井，以及約為三百平方公尺的大型八角建築遺址，而蘿井正是傳說中朴赫居世的出生地。經過專家們對該遺址和文物年代的研究考證，證實了此遺址與韓國代表性史書《三國史記》中所記載的「建造始祖的祠堂」一句吻合。自此，向來只能視為傳說的新羅建國神話有了新根據。

那麼，韓國的古代王國新羅究竟是怎樣建國的呢？在史書《三國史記》中，有如下記載。西元前六十九年，像高句麗的開國始祖朱蒙、以及伽倻國的建國君主金首露那樣，新羅的始祖也是從蛋裡出生的；然而，新羅始祖的誕生比高句麗的東明王要早二十年，比百濟的溫祚王則要早四十年。

當時，楊山村、高墟村、珍支村、大樹村、加利村、高耶村等六村的村長為這個孩子洗澡，發現男孩身上發著光，樹林裡的飛禽走獸為之跳舞。因此，人們為其取名為「赫居世」，希望他長大之後可以像陽光一樣照耀這個世界；又因他出生的蛋形狀像一個「瓢」，所以將他的姓定為「朴」。在朴赫居世十三歲時，村長們擁他為王，定國號為「徐羅伐」。

朴赫居世妻子也有不凡的身世傳說。西元前五十三年，一條龍突然出現在閼英井附近，並誕下一女；人們便根據井的名字，為這個女孩取名「閼英」。女孩長大後，德行越來越高，最後成了朴赫居世的王妃。

朴赫居世是位仁慈而又英明的君王，在位時間長達六十一年。西元前四十一年，他與王后閼英巡迴六部，鼓勵百姓養蠶，大大提高了徐羅伐的農業產量。百姓們尊稱他們為「二聖」。西元前三十二年，在首都金城建造了宮殿，大大地鞏固了國家基礎。

西元前三十八年，臨國樂浪來犯。當敵軍看到住在邊境的徐羅伐居民家家夜不閉戶、積穀如山等景象，意識到這個國家是一個道義之邦，竟自行撤軍了。

在馬韓國王死後，一位大臣曾向朴赫居世進諫，主張應該趁機攻打馬韓。朴赫居世卻說：「將別人的不幸當作機會是不道德的。」拒絕了大臣獻策。

直到西元三年去世，朴赫居世就如同他的名字一樣，照耀了那片土地六十一年。

傳說中，赫居世本是天神的子孫，為了祝福這片土地來到人間，完成任務後又回到了天上。據說，在他靈魂上天後的第七天，他的肉身又落回到地上而散落各處；人們想要把他的肉身拼在一起葬起來，卻遭到一條大蛇的阻擋。無奈之下，只能將他的零散身軀分別葬在五座陵上；因此，他的陵墓也被稱為「五陵」或是「蛇陵」。

從韓民族重視死身完整的思想來看，這段神話十分特別。實際上，赫居世的死與他陵墓的出現是有其象徵意義的。死身散落各地象徵著可以得到豐收的穀物，五塊身軀便是指五穀。因此，赫居世的死可以解釋為，東西南北中五個方位均可得豐饒，是期盼百姓可以安居樂業的願望。

新羅人也將朴赫居世尊為開國君主和農耕之神。後來，果真如同神話所指的那樣，新羅最終統一了三國，成為維持千年之久、被譽為「德業日新、網羅四方」的東方王國。而其立國的基礎，被認為是從朴赫居世時代開始的。

關於義相的姓氏，中韓古代的傳記資料中略有不同。《宋高僧傳・唐新羅國義湘傳》中說，義相的俗姓是朴，與《三國遺事》中說他姓金不同。關於這一點，日韓學者認為，義相生活的時代，正處於聖骨到真骨的王權交替時期；所以，姓「朴」似乎是為了顯示其王族的出身；而在嚴格奉行「骨品制」的新羅社會，義相的俗姓「金」氏則代表著他的真骨骨品之地位。其實，朴也罷，金也罷，都只是為了說明他的身分地位。

對於年少的日芝公子來說，姓朴還是姓金都不是他考慮的事情。父母對他呵護有加，每天都有幾名奴婢圍著他，京城和郊外到處都有他和小玩伴們留下的身影，這是他童年中最幸福的時光。

從他家的窗戶向北望去，是京城赫赫有名的興輪寺，是新羅於西元五二七年正式接受了佛教之後而修建的第一座寺院，算來已經有百年的歷史了。

當時，新羅的佛教信者多為王公貴族；義相的父親金韓信因為家族顯赫，所以能接觸到對當時的新羅人來說非常神祕而神聖的、從西方傳來的大智慧——佛教。不過，當時的人把佛教首先看做是道術的一種，是比巫術的法力更高超的道術，出家人則是掌握這門道術的特殊人才，有祛鬼除魔的法力。

興輪寺

新羅法興王十四年（西元五二七年），舍人朴厭髑與王諮議，假藉伏法就刑，顯現奇瑞，令群臣對佛法生崇敬。國人葬之，並創立一寺，名為刺楸寺。二十一年，以天鏡林（五世紀時，阿道和尚弘法所在）之木材，大興土木；真興王五年（西元五四四年）又一寺院落成，名為大興輪寺。後以真興王出家，王妃亦為比丘尼，皆住於該寺，故賜大王興輪寺之額，此為新羅寺剎之濫觴。

善德王五年（西元六三八年），王因疾愈而深信佛法，塑成彌陀聖像及左右菩薩，並彩畫殿堂。永秀禪師時（西元八一七年），在每月初五厭髑捐軀之日，於寺中修建法會。金堂安置十聖之泥塑像，東壁為我道、厭髑、惠宿、安含、義相；西壁為表訓、蛇巴、元曉、惠空、慈藏等。

景明王時（西元九一七至九二三年）遭火災，靖和等僧人募緣重建之，壁間畫有普賢菩薩像。今於本寺更建一座新堂宇。（《三國遺事》卷三、《東國通鑑》卷五、卷九、《朝鮮佛教通史》上編）

從年幼的日芝記事起，每天一早都會看到父親金韓信站在窗口，沐浴在晨曦中，雙手合十，向著興輪寺的方向三拜，然後捧著一卷木簡，用低沉的嗓音，時急時緩地虔誠祈禱。這猶如天書般的聲音日復一日，深深地印刻在年幼義相的腦海中，為他日後開啟心中那片最燦爛、最純潔的光明做好了準備。

西元六二七年八月，大唐玄奘法師踏上了西行求法之路；這一年，小日芝才三歲。此刻的他只知道，家裡又新添了一名成員，妹妹素姬的到來讓他開心多了玩伴。也是從這一年開始，每天早齋之後，便是他學習漢文的時間。

漢字，作為中華文化傳承的載體，在古代中國與其他各國的文化交流中具有非常重要的意義。唐朝時期，很多周邊國家和民族已經受到了中華文化的浸染，不僅在與中國的外交活動中使用漢字，而且在本國內部的生活中使用漢字。因此，在當時的東亞各國，漢字既是各種交際生活的主要用語，又是書寫官方文書和文人學習和創作的重要工具。

新羅由於地理位置上與中國山水毗連，兩國早就有直接的往來活動，新羅官民很早就接觸到漢文化並深受其影響。漢字和漢籍具體何時傳入新羅尚不可知，但關於漢籍東傳朝鮮半島及其影響，史書早有記載。《隋書．卷八十一．

新羅傳》記載：

真興王二十六年（西元五六六年），陳遣使劉思與僧明觀，送釋氏經論千七百餘卷。

《東南夷傳》，也記載了高句麗、新羅、百濟三國時代的士人「知讀五經」。到了唐朝時期，唐與新羅的各種交流活動更加頻繁。在兩國長期的相互交往中，漢字傳入新羅，經歷漫長的過程，逐漸被各階層所接受，並成為新羅統治階級的官方文字、文人進行文學創作以及百姓學習和書寫活動的工具，廣泛運用於社會各個方面。

唐與新羅書籍交流的發生，還得益於兩國政策的開放。據《舊唐書》記載：

貞觀二年（西元六二八年）……又於國學增築學舍一千二百間，四門博士亦增置生員。……俄而高麗及百濟、新羅、高昌、吐蕃等諸國酋長，亦遣子弟請入於國學之內。鼓篋而升講筵者，八千餘人，濟濟洋洋焉。

而儒學傳播到朝鮮半島的淵源，應該與上古時代形成的中國與朝鮮半島之間的交通和民族遷移有著密切關係。史書和甲骨文證明，西元前便存在從中國大陸到朝鮮半島的民族遷移，並且可以類推出殷末文化的轉移。當時，儒教思想與漢字便有系統地傳播到朝鮮半島，並在社會的部分階層中開始使用。

古朝鮮時代已經傳入漢文和中國式的官制、禮制；朝鮮的三國時代開始引進和研究的儒教思想，被確立為統治理念。比如，高句麗的小獸林王，為教育弟子，設立了作為國立大學的太學；為了教他們讀書和射箭，在各個地方設立了「扁堂」，以此培養進取的民族精神。此時讀書講習的主要書籍是丘經、史書和文學作品等。

三國時代的儒學以漢代經學為中心，特別重視《論語》和《孝經》，積極接收「忠、孝」思想作為實踐理念。在新羅統一三國的過程中，「花郎精神」發揮了重大作用。「花郎道」中強調的倫理戒律之「五戒」便是儒教「忠、孝、信、勇、義」的準則，也是當時社會的普遍倫理和價值觀。新羅不僅透過太學或者國子學等教育機關教授經書，國家的科舉科目亦和太學教育科目相同。

一般來說，古人三歲開始識字讀書；不過，如果一開始就直接學習四書五經，即使先生講得再詳細，年幼的孩子也聽不懂。所以，在啟蒙階段學習的內容主要是所謂的「蒙學」，即《三字經》、《百家姓》、《千字文》之類的入門書籍。其實，這些書籍除了教孩子識字外，其中也包括豐富的自然與人文知識，以及濃厚的儒家思想，為以後學習四書五經等儒家經典著作打下了基礎。

私塾階段的讀書情況，一般是六歲時學習《論語》、《孟子》、《大學》、《中庸》，七到十一歲讀《詩經》、《書經》、《易經》、《禮記》、《左傳》，十二到十四歲則學詩文、作八股文；到了十五歲時，即可讀誦完主要的經典。

從中國傳來的漢字和儒學是當時住在首都慶州的貴族子弟們的必修課程，也是他們的特權，一般平民是沒有機會接觸到這些的。古代讀書人學習過程要比今天的學生更為枯燥，基本上所讀的書籍均需倒背如流。今天的人們讀四書五經，要想真正理解其中的思想內容往往感到困難；在古代，如果沒有經過啟蒙教育，直接讀經典也很困難；即使經過啟蒙教育後，還需要先生的講解。畢竟，古文的歧義很多；沒有名師，對經典的解讀就會容易誤入歧途。

金韓信知道自己在儒學上的造詣不深，便寄望於孩子；沒想到，小日芝有著驚人智慧，《三字經》很快就能通篇背誦，學過的漢字過目不忘。一個小孩能在這麼短的時間裡學習並掌握先進的文化知識，可謂「聰明絕頂」。

在三國鼎立時期，為了擺脫高句麗、百濟以及日本等國的外部夾擊，實現三國統一的夙願，新羅緊緊抓住了中原王朝這一關鍵，不僅主動請書，表達對唐的臣服以求得唐的支持，同時也學習唐朝先進文化。直到新羅統一三國之後，唐朝及其先進的文化制度都是新羅國家發展的迫切需要。

其一，請書的文化傳統。通過向唐朝請書和獻書的方式，向唐示好、表臣服，以獲得唐朝大國的支持。

其二，對先進文化的迫切需要。三國鼎立時期，新羅在三韓中勢力最弱，不斷受到高句麗和百濟夾擊。然而，新羅卻抓住中原王朝這一關鍵，先後消滅了百濟和高句麗，再對朝鮮半島上的唐朝力量進行排擠，又適時向唐求和效忠，雙管齊下，軟硬兼施，最終統一朝鮮半島。自此，新羅不斷地強大起來。

毫無疑問，新羅能夠成為朝鮮半島的實際統治者，與唐朝的軍事援助分不開。然而，除了唐朝的軍事援助外，學習唐朝先進的制度與文化也是新羅成功統一三國的重要原因。如《真德王本紀》記載重臣金春秋（後為武烈王）面見唐太宗的情況：

> 春秋請詣國子學，觀釋尊及講論，太宗許之。春秋又請改其章服，以從中華制。於是，內出珍服，賜春秋及其從者。

可見，金春秋此次赴唐，請兵無疑是其主要目的；但除了請兵外，還有朝貢和文化輸入的使命。或許金春秋認為，除了直接的軍事支援外，還需引進唐朝先進的制度與文化，使國家從整體上強大起來，才能改變其不利地位。

如前所述，即便是在新羅統一三國之後，雖然暫時免受高句麗、百濟以及日本等國的外部威脅。然而，由於受到戰爭的影響，新羅在內部上的人力財力物力等消耗嚴重，國家各方面都有待復興和發展，王權也急需鞏固和擴大；因此，迫切需要引進各種治理國家和發展社會經濟的經驗和方法，而這些經驗和方法則主要從書籍和學習中獲得。

所以，自始至終，唐朝先進的制度與文化都是新羅國家發展的迫切需要，而書籍是制度文化的載體；因此，唐與新羅書籍交流自然成為兩國文化交流的重要內容。當然，在身分等級森嚴的新羅骨品制度之下，只有四頭品以上的貴族子弟們才能學習這種來自大唐的先進文化。

「骨品制度」

四世紀時，新羅用武力統一了辰韓各部，以慶州為都城。為了鞏固特權地位，統治階層制定了等級制度，這就是「骨品制」。

骨品即血統，根據骨品的高低，來決定某人一生的軌跡；大到官職，小到日常的婚喪嫁娶，均具有世襲的性質。其制度本身也非常嚴格，堪比我們熟知的印度種姓制度（Caste制度）。骨品制從新羅形成時期便隨之產生，到六世紀初已經法制化；直到新羅滅亡，在約四百年間始終一貫地發揮著作用。

新羅貴族按血統確定等級身分及相應官階，不同骨品不通婚姻，骨品世襲不變。這一制度按個人骨品即世襲血統決定身分地位，並制定出擔任官職的最高限度；只有達到一定骨品等級的，才可以授予相應的官職。

新羅的統治集團是由三姓王族和六部貴族組成；為鞏固其特權地位，大姓貴族們以森嚴的「骨品制」來劃分血統與身分的階級地位。朴、金、昔三姓是最大的王族，地位最高，不但可世襲王位，還獨占整個官僚體系，擁有無上權力，為「聖骨」。大小貴族依次分為真骨、六頭品、五頭品、四頭品等四個等級。

一開始，唯有「聖骨」才能繼承王位，所生孩子的血統為第一骨品級別，即王族。然而，六部貴族間勢力難免有所消長；為了擴張或確保既有勢力，同等階級內的貴族會相互聯姻攀親，以通婚的手段達到政治聯盟的目的。不過，各骨品間卻自我封閉，互不通婚，與非骨品更不通婚。

受這一身分約束，如果不是出身骨品，在仕途上的發展就很困難。七世紀初雖然曾有新羅衣冠子弟薛罽頭以出身非骨品，藉由赴唐游學以改變現狀，但這是極其少的特例，大部分的情況都是無法逾越身分限制。

新羅起初實行貴族民主制，由朴、昔、金三姓貴族交互繼承王位，其他貴族按不同的骨品擔任高低不同的官職，國家大事須經國王和高級骨品的貴族舉行會議決定。起初，王位的襲承只從最顯貴的聖骨血統家族選拔；直到真骨出身的金春秋登上王位，才改變了聖骨品獨攬王位繼承特權的局面。同時，原來只賜予京師六部之內的門閥貴族的京位，也可賜予地方家族，九世紀的張保皋出任京城相職便是其中一例。此時的京位和外位已無嚴格的本質區別。

此外，類似於印度的種姓制度，新羅的骨品社會等級還有三頭品、二頭品、一頭品、平民、奴隸等各個低級非骨品階層。雖然三頭品到一頭品都是沒有官職的普通百姓，但因為骨品制只適用於首都的居民；因此，生活在首都慶州的普通百姓，相較於其他地方的百姓，還是有著身分上的優越感。

對當時的人來說，仕途隨其出身血統的高低，會有不同的特權以及其他等級身分的制約，涉及到生活的衣食住行諸方面，諸如居住房屋的大小、服飾的顏色、牛馬車的裝飾等。

隨其身分等級的不同，其居住的房間，真骨不能超過二十四尺（約八公尺）平方，六頭品不超過二十一尺（約七公尺），五頭品不超過十八尺（約六公尺）平方，從四頭品到一般百姓不得超過十五尺（約五公尺）平方。

再看仕途上的規定。新羅官場總共有十七級官等，真骨身分可以做到最高一等，六頭品最高只能到六等阿湌，五頭品最高到十等之大奈末，四頭品到十二等之大舍。一般百姓沒有任何仕途機會，平民之下則是最卑下的奴婢。

讓我們把目光再轉回日芝身上。在鄉裡許多小朋友眼中，日芝是個不合群的人；每當他們玩得瘋狂時，日芝就會悄無聲息地離開，或遠眺沉思，或捏個小泥人虔誠地禮拜。小朋友們在背後評價說，他是個怪人。

等級	官階名稱	骨品	官服顏色
1	伊伐飡（角幹）	真骨	紫衣
2	伊飡		
3	迊飡		
4	波珍飡		
5	大阿飡		
6	阿飡	六頭品	緋衣
7	一吉飡		
8	沙飡		
9	級飡		
10	大奈麻（末）	五頭品	青衣
11	奈麻		
12	大舍	四頭品	黃衣
13	舍知		
14	吉士		
15	大烏		
16	小烏		
17	造位		

日芝的父親金韓信卻認為，兒子的沉默寡言恰好證明，一個聰明人應如孔夫子所教導的：「夫人不言，言必有中。」至於禮拜泥人的舉動，自然是受了自己每日禮佛的影響，佛教作為當時貴族階層的新興信仰也是必不可少的。這

都是象徵身分和地位附屬品。

快樂總是短暫的。隨著新羅與百濟、高句麗三國間的戰事頻繁升級，日芝的父親金韓信告別家中的妻兒，隨軍征戰，從此一家人聚少離多。俗語說得好：「幸福的家庭都是相似的，不幸的家庭各有各的不幸。」

金韓信因為擊退高句麗的一次進攻而從十一品的奈痲連升七級，成為四品波珍飡，家裡的生活好了許多。不過，這樣的日子沒能持續多長時間；不久後與百濟的一次戰爭失利，他一下子又被貶為十二品大舍，還被迫脫下盔甲、換上軍奴服，家裡的境遇也是一落千丈。

日芝的母親被丈夫骨品等級起落折磨得無心吃喝，鬱鬱寡歡；每天帶著年幼的日芝和妹妹素姬前往興輪寺，跪在佛前祈禱丈夫能早日官復原職。時間久了，身心疲憊的先那夫人抑鬱成疾。

西元六三三年，日芝九歲。八月的某一天，先那夫人留下他和六歲的妹妹，離開了人世。

關於喪母的日芝，有這麼一段故事——

先那夫人去世的幾日後，在新羅與百濟的交戰區。

只見一位新羅將領，帶著一小隊殘兵在拚命打馬飛奔，躲避著身後追兵，最終抵達了一處山谷。為首的將領面色疲憊，頭頂盔甲上的紅纓也有些歪斜，搖搖欲墜地隨風舞動，他身後的士兵也都疲憊不堪。見到這處彷彿可以避難的山谷，都露出了「總算可以休息」的神色。

這位將領不是別人，正是日芝的父親金韓信。他本是擔任前鋒部隊的首領，帶著十幾名部下悄悄潛入百濟駐軍的山區勘察地理和軍情。不料被敵軍發現，一路圍追堵截，隊伍四分五裂，慌不擇路，來到此處。

眼看突圍無望，金韓信告訴部下要做好最後的準備，既然免不了一死，那就直接面對；為了國家，要死戰到底。趁著敵人還沒有發現他們的藏身處，他命令部下抓緊時間休息，養精蓄銳地等待敵軍到來。

他本人也是疲憊不堪，背靠著山石，迷迷糊糊之中，先那夫人突然毫無徵兆地出現在他的夢中——

「相公，趕緊醒來！敵軍正往這裡趕來，但不會對你們構成威脅；因為，等一會兒會有一場瓢潑大雨引發山洪，這片山谷將被泥石流所覆蓋，追趕你們的敵軍將會被淹沒！你趕緊帶著部下往東去，那邊有一處高地，可以避開這股山洪！」

睡夢中的金韓信還想問問夫人孩子們的近況，先那夫人卻頭也不回地往西邊而去。情急之中，他伸手去拉，結果一下子拉空，人也就從睡夢中醒來。

正當他回味著夢中的對話時，負責守備的哨兵傳來訊息：已聽到敵軍的追擊聲！金韓信趕緊集合部下，此時天空中烏雲密布，電閃雷鳴，一場大雨即將來臨。往東疾行二里之後，金韓信和部下登上一處高地休整，回頭還能隱約看到剛才他們休息的山谷，敵軍魚貫而入，吶喊聲四起。就在此時，大雨傾盆而下；暴雨中，凍得發抖的新羅將士緊握手中的兵器，做好了迎擊準備。

突然，天地間傳來一聲巨響，傾盆大雨引發的山洪呼嘯著沖刷了剛剛那個小山谷，吶喊聲變成了哀嚎聲，直至風停雨滯，一切歸於寂靜。

金韓信和部下僥倖躲過一劫，心有餘悸地返回新羅大本營。因為深入敵後作戰有功，金韓信再次升職。此時，他還不知夫人已撒手而去，兩個年幼的孩子被托付給先那的妹妹月息照顧。

月息也是個苦命人，丈夫早已戰死在沙場，只留下她和女兒相依為命。家中失去頂梁柱，日子並不好過的月息對三個孩子都視為己出，甚至有好吃的還讓兩個外甥先吃，哪怕自己的女兒吃不到。只是，這樣的幸福也沒能維持多久，月息的家族因為失寵，被貶為平民，責令搬出首都慶州。

幸好就在這時，金韓信凱旋歸來。看到家中的情景，他明白年幼的孩子們不能沒有母親，於是他決定續弦。

然而，繼母表面上溫良淑德，背地裡卻心機極重，在金韓信面前對日芝和素姬是照顧有加；只要丈夫不在家，就是另外一副嘴臉，對兩個年幼的孩子百般刁難，如同指使奴役那樣，讓他們幹各種辛苦的家務。

為了不讓自己和妹妹繼續受虐待，日芝決定想辦法制住繼母，讓她不敢虐待自己和妹妹。畢竟，父親再好也不能時時在家裡守著他們；身為一個小小的男子漢，他要保護自己的妹妹。

某天晚上，繼母正準備睡覺；剛掀開被子，就被突然竄出來的黑色物體嚇到，被褥裡面留下好多羽毛，竟然是烏鴉的羽毛！這種動物在新羅被視為不吉利的徵兆，古諺有云：「烏鴉頭上過，無災必有禍。」

被嚇得魂飛魄散的繼母準備找巫婆來作法驅邪，認為只要用這種方式就可以求得平安；卻不知道，自己已經慢慢落入了日芝設計的陷阱裡。

正當繼母準備派人去請附近有名的巫婆時，一個巫婆卻主動找上門來，一推門就高聲喊道：

「這是什麼宅院，晦氣這麼重！是不是來了什麼不乾淨的東西啊？」

日芝的繼母一聽，立刻大驚失色，恭恭敬敬地將這個巫婆請了進來；巫婆也不客氣，立刻讓她準備桌子和供物。繼母不敢馬虎，趕緊按照這個神祕巫婆的要求準備好了一切，希望好好為自己祛一下晦氣。

且說巫婆站在祭壇之前，開始主法；誰知，正在念念有詞的時候她突然倒地，口吐白沫，翻出了白眼皮。此時，面目猙獰的巫婆竟然自稱是日芝的親生母親，大聲嚷嚷：「妳如果再敢毆打我兒我女，我必不放過妳，日日夜夜纏著妳！」還說：「那只烏鴉就是我的化身！妳要是還敢這樣，我下次就化作毒蛇將妳咬死！」

看到這種場面，心虛的繼母嚇得心驚膽跳，立刻跪下磕頭，發誓再也不敢虐待日芝兄妹了。待她一番懺悔之後，倒地的巫婆也恢復了原樣，一臉茫然地問大家剛才發生了什麼。

繼母對親眼看到的這一幕深信不疑，從此再也不敢欺負他們兄妹了。

然而，她不知道的是，那隻烏鴉其實是日芝和小玩伴們一起抓來的，那個巫婆也是他花錢請來的。

日芝十幾歲的時候就有這樣的智慧和思維，也難怪將來能夠開宗立派、建功立業了。

決心出家

年幼的日芝慢慢長大，從少年變為青年。西元六四三年，十九歲的他，有著比同齡人要健壯高大的身軀，和那張帶著稚氣的俊俏臉蛋有著鮮明對比；他那雙與年齡不相稱的深邃眸子，看起來更顯得比同齡人成熟一些。

對於當時的新羅青年們來說，未來的前途可以有三種選擇。第一，成為一名花郎，歌舞遊藝，習武健身。第二，從軍為將，領兵殺敵，馳騁沙場，為國立功。第三，出家修道，入唐求法，歸來成為一國之師。

日芝對自己未來的考量，並不以他人看法為標準，而是結合自身的經歷，籌畫未來。首先，他不想成為一名花郎；少年時的經歷讓他對貴族青年們熱衷的花郎道（風流道）並沒有很大興趣，生活已經把他磨練得遠比同齡人成熟。

所謂成熟，無非就是情緒控制的能力提升與責任感的增強。所以，翩翩公子、風花雪月並不是他所追求的。

至於從軍為將、領兵殺敵，則勾起了他內心的痛。雖然從小就勤奮鍛練身體的他，經常外出去進行各種祕密訓練，甚至還和虎獸進行過搏鬥；年紀輕輕，卻歷經生死，心境和意志都遠勝同齡人。但是，每當回想起父親為國征戰數十年，無法照顧家人，便讓他對戰爭異常的反感和排斥，失母之痛是他心中永遠的傷痕。

光陰十載，日芝的人生如秋風中的落葉，時高時低、飄忽不定。他在這未知當中，經過多年的苦思冥想，終於決定去城東十里外的皇福寺尋找答案。

皇福寺

皇福寺是位於慶州狼山東側的新羅王室皇家寺院，現在只剩下了被指定為國寶三十七號的三層石塔遺址。一九四二年，在寺址上修復三層石塔時，位於二層附近發現了舍利莊嚴具。

舍利具由內至外依次安放著「綠色玻璃瓶—金盒—銀盒—金銅外函」，四周用虛線刻著九十九座小塔。金銅外函的蓋子上刻著的文字說明，這些舍利莊嚴具是為了祈禱神文王、孝昭王、神穆王后三人的冥福而供奉的。

文字和小塔充分說明這些舍利具是以西元七〇四年唐代翻譯的《無垢淨光大陀羅尼經》內容為根據裝飾、供奉的寶貴資料。在金銅外函裡除了舍利器外，還發現了被指定為國寶七十九、八十號的金製佛立像和坐像。

皇福寺裡居住的正是剛從大唐求法歸來的慈藏法師，時年五十有三。他為當時許多迷茫的人帶來了希望，其中就包括年輕的日芝、日後的義相大師。即便多年之後，隱居在浮石寺的義相大師回想起當時情景，還都歷歷在目。

那是深冬，一個極寒的日子。日芝來到皇福寺，貴族身分讓他順利地見到了當年剛從大唐歸來、奉王命在此為國祈福的慈藏法師。

「晚輩日芝，是漢山州都督郡主金韓信的長子，今日特來拜見法師。因感受到了世間的無常，想出家修行，還請您給我指條明路。」

慈藏法師微微一笑，說道：「體會到世間的無常值得稱贊，你確定要出家修道嗎？」

「是的！請救救我這個滿身是罪的身體吧！」

「年輕人，相比成王成寇，出家修道可不是件容易的事情。」

「我心已決，還請法師為我剃度，許我出家，離開世俗，修道解脫！」

聽罷，慈藏法師閉目沉思了片刻，對著跪在面前的日芝說了一個偈頌：

我常知眾生，行道不行道；隨所應可度，為說種種法。

每自作是意，以何令眾生？得入無上慧，速成就佛身。

說完，也不等日芝發問，就自己解釋起來：

「要知道，眾生有可修行辦道的，也有不能修行辦道的；有喜歡欲樂的，有樂於獨處的，總是隨其根機差別，應以何身何法得度者，佛即現何身說種種不同法門，應病與藥，如良醫方便治狂子病。如來知道眾生之所念，知其根機。經云：『一切眾生，若干種心，如來悉知悉見。』又如《金剛經》：『聞是章句乃至一念生淨信者，須菩提，如來悉知悉見。』佛是用什麼方法來教化眾生，令眾生得入如來無上智慧，令眾生很快成就佛的法身呢？看似疑問，實際上是展現佛教化眾生的本懷，表示如來所作方便全為這一目的，從而讓眾生證智慧、證法身，成就三德，見三身四土。」

日芝還在琢磨這番話的意思，慈藏法師又道：

「出家不是兒戲，是需要經過審慎考慮之後所下的決心，所以也不是人人都有因緣出家的。你的決心我已知；如果想出家，最好能夠事先徵得父母的同意是比較妥當的。因此，先去得到你父親和國王的許可後再來找我吧！」

日芝遂告辭返回家中，請求父親的允許。金韓信不解地問道：

「我的兒啊，你因何要出家？如今你年紀也不小了，我已經給你準備了一門婚事。你這個樣子，讓為父怎麼跟人家交代呢？再說，你也應該像我一樣換上戎裝，為國征戰，這才符合你的身分啊！」

面對父親的質問，日芝有些激動地回答道：

「對不起，父親，您問我為什麼要出家？出家有何原因？您這麼一問，我一時不知從何談起。

「人生實在很多苦難。自您離家征戰，家中日漸貧困，周遭環境惡劣，母親帶我和妹妹辛苦生活，每時每刻都深感人間苦多樂少，無不是苦海逼惱。即便當時是在不懂事的孩提時期，內心這個念頭常不由自主燃燒著我的意志，時刻提醒著我不要沉浸在這如夢幻泡影的世界裡。

「生從何來？死往何處？是深刻烙印在我心中不可磨滅的啟蒙，更是揮之不去的重大問題，日夜耿耿於懷，為這兩句含意而參究明師，是奠定我出家修行的火苗。」

日芝接著又說道：

「婚姻？兩情相悅總有分離時，我不想被這樣的小愛所束縛。戎裝？有道是，憑君莫話封侯事，一將功成萬骨枯。踏上戰場的將領，想的都是憑藉功勛封侯拜相；然而，所取得的一切，卻是成千上萬的士兵用性命換來的！我的人生不想欠下這麼多債務，不想把自己的榮華富貴建立在別人的痛苦上。」

聽完日芝的回答，金韓信的內心翻騰不止，順著臉頰流下兩行熱淚。他知道兒子的脾性，他心意已決，說什麼也沒用了，本想用父親的權威予以壓制、否決的想法也隨之散去。

「你心我已知，那就寫封請願書吧！我派人給國王送去，請她定奪。」

善德女王

且說，當時執掌新羅大權的正是韓國歷史上的第一位女王——善德女王。她姓金名德曼，號聖祖皇姑，是新羅國的第二十七代君主，為真平王金白淨之長女，母親為王妃摩耶夫人金氏、葛文王金福勝之女。相關史料中並沒有關於善德女王出生時間的記載，只知卒於西元六四七年。

西元六三二年，在真平王及聖骨出身的王族男子都過世後，金德曼繼位，號善德，成為新羅的首位女王。善德女王的執政期間處於唐太宗李世民統治的初唐時期，新羅和唐朝保持著密切往來，積極學習大唐的先進思想文化。

西元六三六年，善德女王派遣慈藏法師入唐學習佛法，並派遣學士到唐朝的國子監學習經綸，透過這樣的方式一直和大唐保持密切往來。

西元六四三年，新羅國遭到百濟和高句麗的攻擊，善德女王一邊重用大將金庾信與百濟抗戰，另一邊派遣使者入唐請求援兵；在唐太宗李世民的幫助下，很快化解了危機。這些舉措無疑推動了兩國在政治、經濟、文化等多方面的交流，更加深了兩國之間的友誼。

自善德女王執政之後，施行了很多惠民舉措。例如，西元六三二年十月，善德女王派遣使者探尋鰥寡孤獨之人，對他們進行物質上的救助。西元六三三年正月，王大赦天下，並免除了大量賦稅，減輕了百姓們的負擔。

其實，善德女王的成就不亞於男性主君；只是，在新羅男權社會裡面，她的功績時常會被抹殺。

高麗文人金富軾在所著《三國史記》中曾有過短短數字提及，文中寫到「德曼，性寬仁明敏。」他對這位女王的評價並不高，始終認為女人不應該稱王攝政；在他看來，金德曼治國，沒有害得新羅國滅亡已經算是幸運至極了。

善德女王自繼位以來，為了新羅的富強，一直在思考如何學習大唐先進的制度和文明。為了與大唐有更多的交流，她每年都派遣留學生和留學僧，為國家培養更多優秀人才是她向來的心願。所以，在收到了金韓信派人呈上的金日芝出家請願書時，她同意了，並回覆他要認真修行，日後不忘為國出力。

在得到父親和國王的許可之後，日芝辭別家人，獨自一人來到皇福寺，開始了他的全新生活。

一晃幾個月過去了，冬去春來，大地復甦，一片生機勃勃。

日芝在寺院中的表現讓慈藏法師很滿意，遂決定為其剃度。得知這一消息的金韓信，立即訂做了僧鞋、僧衣、僧帽、袈裟、拜具等，一應物品準備齊全，由寺中長老們選定了吉日良辰舉行剃度傳戒儀式。

西元六四四年（大唐貞觀十八年，新羅善德女王十三年），二月初八日，日芝剃度。

傳戒那天，寺院裡洪鐘長鳴，法鼓擊動，一百多名僧人整整齊齊，盡披袈裟，會集法堂，分作兩班到法座下合掌作禮；要為日芝削髮剃度、傳戒宣法的正是慈藏律師，端坐中間，兩邊分別站立著主法長老和主法戒師。

這時，日芝的父親金韓信取出俗人披剃出家必備的表禮、信香，來到法座前禮拜。主法長老表白宣疏之後，由行者引日芝至慈藏法座之下禮拜。然後主法戒師手持引磬，率日芝走出法堂外，向北三拜，辭謝君主；復三拜，辭謝父母，以示自己從此即將脫離塵世，一心修行了。

佛門稱削髮為「剃度」，意即剃髮使人得以超度，由此岸度往彼岸；故要在辭別此岸之君主、父母之後，才能動刀為受戒者削去鬚髮。

返回法堂之後，寺院中的眾僧與日芝面北而立，由主持傳戒的慈藏律師祝頌道：

國王萬歲，臣統千秋；天下太平，法輪常轉。
伽藍土地，增益威光；護法護人，無諸難事。
十方施主，福慧莊嚴；合道場人，身心安樂。
師長父母，道業趨隆；剃頭沙彌，修行無障。
三途八難，咸脫苦輪；九有四生，俱等覺岸。

然後眾人一起念佛號，日芝則向主法戒師唱念道：

大德一心念，我金日芝！

今請大德為剃頭受戒阿闍梨，

願大德為我作剃頭受戒阿闍梨。

我依大德故，得剃頭受戒，慈湣故。

這番唱念，字正腔圓，音調悠長，讓父親金韓信聽得不免又是老淚縱橫。之後，日芝換上僧服，先向主法戒師合掌跪拜。主法戒師則手持淨瓶，以手指沾香湯，輕輕在日芝頭頂滴上三滴；據說，這樣可使受戒者心底清涼，煩惱不侵，摒除俗人的氣味。

在主法戒師動刀前，行者已經把日芝頭頂中心的少許頭髮挽成了一個小髻，主法戒師舉刀從下周旋剃上。待僅存頭頂小髻時，主法戒師手持淨瓶，口念偈語；每念一句，在場的僧眾即隨聲應和一句。如此念和三遍之後，戒師對日芝道：

「我已為你削除頭髮，唯有頂髻猶存，你可最後慎重考慮再下決心。如不能忘身進道，忍苦修行，少髮猶存，仍與俗侶相同，放你歸家，尚不為晚！」

日芝堅定地回答：「決志出家，後無悔！」

聽罷此言，主法戒師將日芝引至教授阿闍梨，也就是他日後的師父——慈藏律師面前，讓他合掌跪下，並把戒刀交予慈藏。

慈藏執刀曰：

「最後一結謂之周羅，唯師一人乃能斷之。我今為汝除去，汝今許否？」

日芝答云：「可爾！」

隨之，慈藏手起髮落，誦「落髮偈」，並賜號「宏悟」，名「義相」（其他文獻中也作義湘、義想），意思是「要透過世間種種假相，體悟人生的真實意義。」

接著，慈藏授其袈裟，義相法師頂戴而受，受了再交還慈藏律師。經過三次授與，在慈藏律師的幫助下，義相身著袈裟，即行禮佛，繞壇三匝，最後禮謝主法長老和戒師以及僧眾，剃度儀式至此告一段落。

幾日後。皇福寺中，如明鏡般清澈的水池邊，義相法師穿著有些素樸的僧衣靜靜地站在那裡，望著水中的倒影，默默地審視著自己……

他自言自語道：「母親大人！我遵從了自己內心的選擇；兒今既然已經出家，當行大孝，必定報答您的養育之恩！」

當時，皇福寺可是新羅赫赫有名的皇家寺院，氣勢恢宏、莊嚴肅穆，能在這裡出家的都是王公貴族子弟。這一時期，在圓光、慈藏等早期入華求法僧的活躍影響下，新羅佛教得到了極大的發展。因皇福寺地處京師，來自大唐的各種消息也就近水樓臺。再加上慈藏法師剛從大唐求法歸來，他帶回的最新佛教經典也有一部分供奉在這裡；年輕的義相自然不會放過這個學習的好機會，廢寢忘食地日夜研讀，沉迷其中。在與元曉大師初次入唐求法之前，義相出家後的大部分時間是在這個寺院裡度過的。

且說，從唐朝留學回國並被任命為大國統的慈藏，為了立刻規範僧伽，設置綱管，維持監察，每年春天說戒，依戒懺悔除罪。這番作為，讓入唐前的義相認識到戒律的重要。

求解脫道

義相與元曉被尊為韓國佛教歷史上最偉大的兩位高僧，他們生活的時代相近，兩人的修行軌跡也都有交互，既對立又互相融合。如果說元曉追求的是菩薩道，義相的修行模式則是解脫道。

義相出家的時候，佛教已經傳入朝鮮半島百餘年，高句麗、百濟乃至新羅都有許多高僧依各自因緣而弘法度眾。

某日，慈藏律師把義相叫來，對他說道：

「你在皇福寺已經一年，是時候去拜訪一下其他老師了。蔚州靈鷲山西北角的磻高寺有一位郎智法師，精通《法華》，你可前去拜訪。」

義相遵從師父的指點，離開了慶州，南下蔚州，到靈鷲山的磻高寺參訪郎智法師。在寺中，義相不但跟隨郎智學習，還遇到了他一生的摯友——元曉大師，兩人結伴兩次入唐，留下了一段佳話。

關於郎智法師，生卒年不詳，只知道是蔚州靈鷲山的一位隱居僧，因常宣講《法華經》而出名。據說，早在法興王十四年（西元五二七年）新羅正式接受佛教之後，他就來到了靈鷲山修行；直到一百三十五年後的文武王元年（西元六六一年），還有人說曾在山中遇見過他。蔚州靈鷲山自從郎智前來駐錫後，就成為新羅法華信仰的重要道場。

根據學者的考證，郎智的佛教思想以法華信仰為主；因為，七世紀前半葉時期的新羅盛行讀誦《法華經》，並廣泛傳播法華信仰，時間大約是在真平王四十九年（西元六二七年）到真德女王三年（西元六四九年）之間。所以，對義相和元曉而言，他們日常的學習也是以《法華經》為中心而展開。

早在義相還未出家之時，元曉就已經前往磻高寺參訪郎智大師了。據說，元曉撰寫的〈初章觀文〉和〈安身事心論〉是郎智大師對他修為學識的考驗。文章完成後，元曉不好意思直接遞交，拜託隱士文善轉交大師過目。書的末尾有一首偈頌：

西谷沙彌稽首禮，東岳上德高岩前；

吹以細塵補鷲岳，飛以微滴投龍淵。

「西谷沙彌」指元曉自己，「東岳上德」是對郎智的尊稱。「細塵」、「微滴」則是自謙之語，意指自己才疏學淺，文章微不足道，以示對大師的尊敬。

待義相奉師命前來的時候，元曉已經在郎智門下學習了一段時間。郎智囑咐元曉帶義相熟悉這裡的生活起居；交談之下，有著同樣貴族出身、同樣出家經歷的兩個年輕人很快就熟悉起來。

某日，郎智對義相講述了佛說《法華》的源起，

「釋迦牟尼佛成道之後，說法共計四十九年。前四十二年所宣演的，是因應不同根性的眾生、契入弟子的因緣，引導他們修身修心的權宜方便之法。有感於與世間互動的因緣將盡，所以把佛陀握時機，契應眾生根機「開權顯實」，由過去的「權」——方便法，轉為開講一實相的大法《法華經》。」

然後，他又為義相開示《法華經》的重要性：

「《法華經》，全稱《妙法蓮華經》，為『法華三部經』之第二部，接續在《無量義經》之後，是釋迦牟尼佛晚年所說的法。本經包含了所有佛說的道理，攝受大小根器的眾生，都匯歸大乘，同登最高法門——成佛之道；就像大海納百川一樣，引導一切根機的眾生，都進入最勝佛法的大海，全部收歸於唯一的佛乘。」

郎智法師還強調：「整部《法華經》最重要就是『開、示、悟、入』這四個字，也就是開眾生佛的知見、示眾生佛的知見、悟眾生佛的知見，最重要的是令眾生入佛的知見。」

「『開』就是說，眾生的心門都關著，很黑暗，外面的陽光照不進來；我們的內心充滿了智慧寶藏，佛陀來人間就是要幫我們把黑暗的心門打開。這叫做開，開眾生佛的知見。

「『示』就是門已經打開了，但裡面是什麼樣子還不知道；所以要有耐心，先把我們的心門打開，再一一循循善誘，引導我們更進一步去瞭解。這就是示，示眾生佛的知見。

「『悟』則意指，引導之後，智慧利根的人就會說：『原來是這樣。』讓眾生知道原來佛就是這樣，悟眾生佛的知見。

「但是，這樣還不夠，還要令眾生入佛的知見；不是只要眾生說：『知道！』就好，還要進一步去做，做就對了，這樣才能體悟開眾生佛的知見。要投入助人，真正與境界接觸才是真正的覺悟。」

義相聽罷，受益匪淺，雙手合十，信受奉行。

道伴元曉

在義相大師的生涯中，年長他八歲的元曉大師是亦師亦友的求道夥伴。與追求解脫道的義相不同，元曉的一生可以說是菩薩道的實踐。這位在新羅被賦予最高盛名的高僧，又有著怎樣的人生呢？

元曉俗姓薛，琉璃王九年（西元前十一年），他出生的村莊被改為六村，村長虎珍被賜予薛姓。雖然有人將薛氏一族的起源推測為押督國王族的後代，但至今沒有證據能夠證明，新羅六大姓氏之一的薛姓家族的起源地位於當時的首都慶州。雖然薛姓不是最高身分階層的聖骨或真骨；但在當時的社會中，依然是屬於六頭品的貴族身分階層，從事著相當多的社會活動。

元曉的爺爺是仍皮公，亦稱赤大公。元曉的父親談㮈是第十一位官等之奈麻，原本住在押梁郡的佛地村。在法興王時期，以尚州為中心設立上州、以昌寧郡為中心設立下州時，押梁郡屬於下州。

據說，元曉的母親當時做了一個夢，夢到流星飛進懷中，醒來後就發現自己懷孕了。胎夢是東亞傳統文化中的一個要素；縱觀歷史上許多偉人的誕生傳說中，胎夢亦是不可或缺的部分。例如，與元曉相近時代的高僧慈藏，其母親夢見星星入體而生下他；新羅名將金庾信的母親也做過類似的胎夢。

元曉的家在栗谷的西南方。在一個滿月夜，即將臨盆的元曉母親經過這個山谷，卻因為陣痛而不能前行；元曉的父親便把自己的衣服挂在樹叉上，在樹下為妻子搭建了一個臨時分娩居所。隨著哇哇的哭聲，一個男孩兒平安降臨人世。他給孩子起名為「誓幢」。

這個乘著五彩祥雲在押梁郡佛地村栗谷栗樹下誕生的孩子，日後將真理廣為傳播，成為黑夜中的啟明星。這一年是真平王三十九年（西元六一七年）。

《宋高僧傳》中提到：元曉「丱鬌之年，惠然入法；隨師稟業，游處無恆。」韓國有學者認為，這個「丱鬌之年」是指十五歲之志學之年，所以推測元曉是在這個時候出家。日本學者望月信亨則認為，應是於善德女王十四年（西元六四五年），二十九歲的元曉在皇龍寺出家，並說證據出自《三國遺事》。不過，在《三國遺事》並未找到這則記錄，可能是與義相出家的年代有所混淆；因為，在《三國遺事》中有關於義相法師年十九歲在皇福寺剃度的記錄。

考慮到當時出現在新羅的一個青少年特殊組織——花郎，成員最活躍的時期都是在十五歲左右。所以，《宋高僧傳》記錄元曉在十五歲左右出家的可信度更高。

在佛地村長大的十五歲少年元曉，不知因何契機而決意出家。胸懷大志的他也許曾作為花郎的一員參加過戰爭，親眼目睹死亡，體驗到生命的極限，所以引發他對生命的思考，成為他日後出家的契機。當然，這只是一種猜測。

此外，還可以從另一個角度解讀元曉的出家動機。當時新羅社會的中央高層官職中，受到身分的影響而無法繼續高升的六頭品階層士大夫，大都選擇了宗教或學術作為退路。從這個角度來看，元曉選擇了超越身分等級不公平的佛教，可謂是明智之舉。

他寫過一篇名為〈發心修行章〉的文章，至今都在提醒著初入佛門的人們應時刻發心反省。此文雖短，卻充分展現了元曉的發心和修行之心路。

當然這篇文章不一定是元曉年輕時的作品，也許是後來為教化大眾所作。然而，不管其書寫的時間如何，整篇文章的字裡行間無不透露著他對佛法認知，向初學之人宣說發菩提心之重要。

在文章中他反覆強調了發心和修行的重要性：

> 四大忽散不保久住，今日夕矣，頗行朝哉？世樂後苦，何貪著哉？一忍長樂，何不修哉？

這是元曉對自己的鞭策，也是對後來者的勸誡；自己若沒有發心，又怎能勸他人發心？

離開家鄉的他，前往首都慶州，開始了傳奇的一生。元曉生活的年代，人們對於佛教的信仰很深，但這並不意味著那是個太平盛世。新羅真興王統治時期（西元五五四〇至五七六年）的領土擴張，引起了高句麗和百濟的警覺，兩國甚至制定了對新羅的共同防衛線，三國間的戰爭一觸即發。

《宋高僧傳》中稱其「隨師稟業，游處無恆」。他曾經有跟隨高僧朗智學習《法華》、跟普德學習《涅槃》、跟惠空學習打破執著；諸般經歷，都強調了其後天的努力。與生俱來的天賦加上後天的勤奮、堅持，才有了之後的著作等身。

元曉曾經和義相相約入唐求法，前後兩次。第一次，是在西元六五〇年，選擇陸路，不過途中失敗，未能成功。第二次是在西元六六一年，選擇水路；在登船前夕，元曉放棄入唐，剩下義相獨自踏上求法之路。

在目送義相離去之後，元曉原路返回了新羅，開啟了他傳奇的弘法之路。那是一條與義相完全不同的弘法利生之路，他還俗了！

還俗後，元曉言行疏狂，浪跡塵俗。有時隨興入於酒肆，有時於祠中撫琴；或講經論道，或參禪念佛。偶而留宿閭閻，或隨性寄於山水，任運隨機，優游自在。

元曉在入唐途中開悟的消息逐漸傳開，有人忌妒，有人羨慕。新羅國王聽到消息後召他進宮，並將瑤石公主許配給他。後育有一子，名叫薛聰，天資穎悟，敏睿異常，博通經史，是新羅十大賢人之一。據說，薛聰能以地方語音通曉華夷各地民風，並能訓解六經文學。

元曉沒有過分執著於擁有妻兒的世俗生活，也沒有以修行為藉口、逃避世俗的義務。他雖然還俗，但不染於世俗；正如大菩薩入世度眾，不壞世間法，而是隨順因緣，無為自恣。出家和還俗，兩種截然不同的面貌，這是元曉的現身說法。待他再次回到了生老病死的現場，做好了入世的準備，在紅塵中展開一番歷練。

已過不惑之年的元曉與瑤石公主圓滿了一份世緣，重新以居士身分面對世人。自號「小性居士」，於舞伶伎者處，取大瓢瓜作道具，唱著《華嚴經》中「一切無礙人，一道出生死」的〈無礙歌〉，吟咏諷誦。就這麼又歌又舞，走遍千家萬戶、大小村落，使得「桑樞瓮牖玃猴之輩，皆識佛陀之號，咸作南無之稱」。躬親教化下層庶民，影響深廣，可見一斑。

元曉的偉大不僅體現在佛學素養上，更體現在他通過「無礙行」來教化民眾。不拘泥於任何阻攔和束縛，是一個實踐佛陀平等主張的自由人。

七世紀的新羅佛教可以很快地接收到中國佛教的最新發展——漢譯經典。

對生活在那個時代的元曉來說，他的佛教思想基礎就建立於此。在其著述中引用的經論大概有一百種之多，可見他平日學習的刻苦和努力。元曉的努力並非簡單地以讀書的形式結束，而是留下了大量的讀書筆記——各種疏鈔。

目前可以確認的著作大概有八十多部兩百多卷。從元曉的上述著作來看，他注釋的經論有《華嚴經》、《法華經》、《金剛經》等三十七部之多，對於《大乘起信論》更是特別用心，編撰了好幾種不同論著。

在元曉的八十多部著作中，完整流傳至今的有《大慧度經宗要》、《法華宗要》、《涅槃宗要》、《彌勒上生經宗要》、《無量壽經宗要》、《阿彌陀佛經疏》、《菩薩戒本持犯要記》、《金剛三昧經論》、《大乘起信論別記》、《大乘起信論疏》、《二障義》、《發心修行章》、《大乘六情懺悔》等十三部。

縱觀整個韓國佛教的歷史，沒有哪一位僧人像元曉這樣高產，也很難再找到編撰的論著數量超越他的。新羅時代的義寂有二十五部，憬興有四十餘部，太賢的著述最多，也只有五十多部而已；這些高僧的著作加起來，也不過只有元曉著作的一半。不只是數量占優勢，元曉的著作更被傳播到中國和日本，對眾多高僧產生非常大的影響，這都是不應忽視的部分。

西元六八六年（大唐垂拱二年、新羅神文王六年），在一個叫做穴寺的小寺院裡，大師圓寂於此，年七十。

聞訊趕來的義相，睹物思情，回首往事，心裡再次浮現出年輕時結伴同行入唐求法的種種經歷，唏噓不已。

新羅的王公貴族們，想起了曾經來到宮中講經的那位法師才子。

新羅大小寺院的僧人們，想起了那個被他們瞧不起的破戒僧。

新羅的平民百姓們，想起了那個在街頭手舞足蹈的瘋癲人。

每一個曾與他接觸過的人都回想起過去的種種；

元曉在每個人的心裡都留下了一抹光明。

佛教在西元前後傳入中國，自官方記載的東漢永平十年（西元六十七年）起，到唐代剛剛好六百年了。在之後將近三百年的時間裡，隨著唐王朝政治經濟文化的全面發展，佛教也迎來了其歷史上最輝煌的時期之一。

隋唐之際，高僧輩出。佛法經過六百年之弘揚，由印度及西域高僧之傳授，各種佛經之翻譯，高僧大德之注疏論著，三藏十二部的基本內容已經完備，人們依據修學之環境亦完全成熟。兩漢南北朝時期，或因經典理解不深，或不圓融，各地僧人對於佛理之契會，各有主張，遂成支派。到了隋唐時代，因理解漸精，融會貫通，各領一門，或禪、或淨、或律，演為宗派，競相開發。

唐朝政治、經濟、文化空前繁榮，再加上實行對外開放的國家政策，與外國的文化交流非常頻繁。各國仰慕大唐繁盛，不斷派遣留學生前來學習，最多時唐朝有留學生近五千人。

到唐留學的學僧的求法活動大致可以分為三個時期，即興起、興盛、衰退時期。在活動的興起時期（西元三一七至五八九年），計有十六名學僧到中國游學；而在興盛時期（西元五九〇至九〇七年），則有一百八十五名學僧前往。可以細分為以下四個階段：

一、隋建國（西元五八九年）到滅亡（西元六一八年）的二十七年間，共有求法僧四人，其中新羅僧三人，高句麗僧一人。

二、唐高祖到武則天統治時期（西元六一八至七〇四年）的八十七年中，有四十三名留學僧，包括新羅僧四十人、高句麗僧兩人、百濟僧一人。

三、中宗到順宗（西元七〇五至八〇五年）的百年間，有四十一人，都是新羅僧。

四、憲宗到哀帝（西元八〇六至九〇七年）的百年間，有來自新羅的僧俗九十八人。

在隋唐佛教發展過程中，玄奘法師（西元六〇二至六六四年）的位置是無人能替代的。玄奘，俗姓陳，名禕，洛州緱氏（今偃師緱氏鎮）人，俗稱唐僧，又被尊稱為三藏法師。是一位傑出的佛教學者、旅行家和翻譯家。隋煬帝大業末年，玄奘十三歲時，到洛陽淨土寺剃度為僧。十七歲起，他開始遍游四川、荊州、河北、長安等地，訪求國內名師，遍讀佛教經典。被稱為佛門千里駒。他在游歷過程中，深感佛學界對佛經教義的解釋眾說紛紜。莫衷一是，便下決心赴佛教的發源地印度（時稱天竺）去，求取真經，闡清眾疑。

唐太宗貞觀元年（西元六二七年，一說貞觀三年），玄奘從長安出發，西出玉門關，穿越了新疆大沙漠，翻越大雪山，經西域、中亞諸國，最後到達印度西北部。當時的印度分為東、西、南北、中五大部，小國林立。玄奘在印度求學十幾年，足跡遍及五印度，但主要是在印度最大、最有名的學府那爛陀寺（今印度比哈爾邦伽雅城西北）求學。那爛陀寺位於中印度的摩揭陀國，是佛教創始人釋迦牟尼成道的地方。玄奘拜入當時印度最著名的佛學家戒賢大師門下，在那裡主要學習佛教大乘學說，兼學婆羅門經和印度梵語。他鑽研了幾乎所有的佛教經論，獲得了高超的學識。

貞觀十九年（西元六四五年），玄奘謝絕了印度戒日王等王室的挽留，回到長安，受到唐朝官員和百姓的熱烈歡迎，唐太宗李世民在洛陽接見了玄奘。之後，謝絕了唐太宗對其還俗為官的期盼，玄奘希望專心從事佛經翻譯事業，並請求太宗允許他住少林寺，能專心翻譯佛經；然而太宗沒有答應，要他仍回長安，以便隨時請教。

玄奘回到長安後，先是住在宏福寺，後移居慈恩寺，集中精力從事佛經的翻譯工作。他不僅精熟漢文，而且通曉梵文，克服了原來佛經翻譯者只攻其一的弊端；所以，他譯出的佛經既忠於原文，又文字流暢優美，完全符合現代譯文的信、達、雅的要求。

七世紀的唐都長安，佛經翻譯吸引了眾多僧人參與，對於新譯佛經的研究也隨之展開。這一時期，佛教疾速發展，呈現一片榮景。佛經漢譯是規模龐大的系統工程，彼時共有二十多位高僧聚集在玄奘周圍，包括了證義大德十二人、綴文大德九人，還有字學大德，證梵語梵文大德，以及筆受、潤文等方面的高僧。由西京留守、梁國公房玄齡奏請唐太宗，徵召眾僧匯集長安弘福寺。

證義大德中有法海寺神昉，他是來自新羅的僧人，參與了好幾部佛經的翻譯，比如《本事經》、《十輪經》，以及家喻戶曉的《般若心經》。除此之外，還有其他幾位來自新羅的僧人也都參與了玄奘的譯經。

《瑜伽師地論》百卷翻譯完成是在西元六四八年五月，唐太宗下令在全國流通。遠在新羅的真德女王聽到這個消息，特別請求唐太宗恩賜；於是，這部大作在剛問世不久就傳到新羅。

從西元六四五年到逝世的六六四年的十九年裡，玄奘及其弟子們一共譯經七十五部，一千三百三十五卷、一千三百多萬字。在譯經過程中，玄奘還根據記錄和回憶，把這次遊歷所經過的印度各地之風土、人情、物產、信仰和歷史傳說等撰寫成《大唐西域記》十二卷，成為研究中古時期中亞、印度半島等國的歷史、地理和中西交通的寶貴資料。玄奘還依唐太宗的旨令，把老子的《道德經》由漢文譯為梵文，傳到印度。

在當時的新羅佛教界，基於唐朝的開放和文明的發達，被吸引入唐求法的僧侶眾多；甚至，在唐建國以前，就有入隋求法的事例。不僅如此，有些僧侶還前往天竺求法，最有名的當屬慧超（西元七〇四至七八七年），著有《往五天竺國傳》。

此書是慧超在西元七二三年至七二七年前往印度諸國巡禮，途經東印度，中印度、南印度、西印度、北印度，再經中亞返回長安後所作。該書記述途經各國情況，為研究八世紀間中亞、印度的重要資料。全書已佚，現僅殘存敦煌遺書中，在唐代沙門慧琳所著《一切經音義》中有摘錄。本書中記載了吠舍厘、拘尸那、摩揭陀、伽毗羅、吐蕃、建馱羅、犯引、吐火羅、波斯、大食、大拂臨、骨咄、突厥、胡密、疏勒、龜茲、焉耆等四十餘國。

到了七世紀上半葉，來自新羅的曇育、安弘、明朗、慈藏等僧侶結束了在唐朝的學習，紛紛返回新羅弘揚所學。因此，玄奘法師的名聲也隨之遠揚海東，讓身在新羅的義相和元曉都想要入唐跟隨他學習；正如《宋高僧傳》中所說，他們「慕奘三藏慈恩之門」。

新羅真德女王四年（西元六五〇年，唐高宗永徽元年），兩人相約入唐求法。他們雖然都選擇了出家的道路，卻有著各自不同的緣由。兩人不論是出身、性格乃至修學法門都不盡相同；儘管如此，也未能隔斷兩人的友誼，因為這是一場世紀之約。

對於義相而言，長他八歲的元曉亦師亦友；求道之路雖漫長枯燥，有志同道合者也就不再孤單。

有關他們第一次的入唐求法經歷，曾被收錄在新羅文人崔致遠編撰的《義湘本傳》中；這本傳記在高麗後期還有流通，但依舊未能流傳至今。現有的記載也只有收錄在《三國遺事》義相傳記中的片斷。原文如下：

法師義湘，考曰韓信金氏。年二十九依京師皇福寺落髮，未幾西圖觀化。遂與元曉道出遼東，邊戍邏之為諜者，囚閉者累旬，僅免而還。永徽初，會唐使舡有西還者，寓載入中國。

在這段傳記中，沒有提到第一次入唐的詳細時間，但把第二次入唐的時間標記為唐永徽元年（西元六五〇年），與同樣收錄在《三國遺事》「前後所將舍利條」中的內容有所出入。據浮石本碑記載，義相武德八年出生，幼年出家。永徽元年與元曉同伴欲西行入唐求法，至高句麗有難而迴。後至龍朔元年再次入唐。

相比而言，這則記錄更為可信。由此斷定，義相和元曉第一次入唐是在西元六五〇年，第二次是在西元六六一年。

話說兩人的第一次入唐，選擇陸路之行程，大致上是經由高句麗、然後穿越遼東、最後進入長安的路線。

遼東地區自古就是交通要塞，自隋朝起就與高句麗因領土紛爭而戰事不斷。元曉和義相試圖入唐的西元六五〇年前後，局勢非常緊張。西元六四五年五月，遼東城被唐軍攻陷，卻在久攻安市城無果之後，於九月撤軍。

自新羅而來的元曉和義相兩人，偏巧在這個時候選擇了由陸路途經高句麗入唐。當時因為戰亂，所以常會發生相互窺探對方的情況，僧侶們參與刺探的例子也很多。鑑於當時唐朝與新羅同盟，新羅與高句麗則是敵對關係，結果兩人被高句麗的守備軍誤認為是羅唐聯合軍派來的探子，抓進了大牢。

兩人在獄中對首相望，百思不解。想自己少年得志，意氣風發。出家為法王子，受人敬仰，還是有些風光的；可是，現在呢？本來兩人滿懷信心做好了各種準備，一路翻山越嶺、風餐露宿，歷經艱辛總算到達遼東一帶。在即將踏上大唐土地之時，卻被人當做探子抓了起來並關進牢房，歷經鞭打拷問，苦不堪言。整日被關押在密不見光的黑牢中，腳上的沉重鐐銬，以及牢房裡令人窒息的惡臭，已經把兩人心中那分入唐求法的熱情澆滅了不少。

理想是美好的，現實是殘酷的，怎麼接受這種反差和心理上的不平衡呢？在遠離故鄉的高句麗遼東城內，在被囚禁異鄉的這些日子裡，元曉和義相徹夜難眠。惡劣環境下的他們在想些什麼？是在想人們為何會爭執不休、國家間為何連年戰亂？是在想如何才能化解是非、結束戰爭？

身陷囹圄、經歷過生死的他們，此時的領悟是何等深刻。這分特殊遭遇所帶來的思考決非埋頭苦讀所能比擬。

不幸中的萬幸，在被關押了一陣之後，得遇貴人的幫助，兩人才好不容易逃脫死罪。雖然兩人最終被證實清白並釋放，卻不准再繼續西行，前往大唐求法；夢想破滅的他們只得返程，入唐求法的熱情也被現實打擊得一落千丈。初次入唐求法之旅以失敗告終，心中剩下的只有無奈和不甘。

本想西行追隨受人敬仰的高僧玄奘，感受唐都長安的繁榮和佛寺的魅力，兩個年輕人心懷美好的夢想踏上了遠行之路；然而，殺氣騰騰的現實給他們上了印象深刻的一堂課。

他們返回新羅的途中，得知高句麗的普德法師避難至完山州的孤大山，於是兩人前去拜訪。普德本是高句麗僧，住在平壤一所寺院，以講《涅槃經》聞名。此後在大寶山修行，得仙人指點讓其找尋一座七層浮屠；普德依照指點，果然找到了這座浮屠。於是依照仙人的囑托，在此處修建寺院名為靈塔寺。之後為了躲避高句麗的戰亂而南下新羅，入山弘法。

高麗時代的國師義天在《大覺國師文集》中收錄了兩首關於普德大師的詩文。其中之一是在高臺山景福寺禮拜普德法師的畫像有感而發：

> 涅槃方等教，傳授自吾師；兩聖橫經日，高僧獨步時。
> 從緣任南北，左道絕迎隨；可惜飛房後，東明故國危。

其中「兩聖橫經日」是指元曉和義相跟隨普德學習《涅槃經》。《涅槃經》的核心內容是「佛身常住思想」和「佛性如來藏思想」，經文明確表明「一切眾生皆有佛性」，對東亞佛教產生了極大的影響。現存《大般涅槃經》的主要譯本有北涼曇無讖翻譯的《大般涅槃經》四十卷，以及東晉法顯與佛馱跋陀羅在西元四一八年譯出的《佛說大般泥洹經》六卷。

在中國古代，《涅槃經》通過曇無讖和法顯的翻譯為中國佛教界所知；隨著與朝鮮半島的交流，這兩種版本也都相繼傳入高句麗。對於義相來說，通過普德的教導，他第一次接觸到《涅槃經》。不過，日後他在唐留學的時候也應該有機會接觸到。在義相的著作《一乘法界圖》中有「是故經云：有為無為一切諸法，有佛無佛性相常住，無有變異，是其義也。」有學者指出相關文句可以在《涅槃經》中找到，可見《涅槃經》對於義相還是有一定的影響。

再者，不同文化之間交涉時發生的問題——即「佛道之爭」，也在佛教傳播到朝鮮半島同時隨之而來，引發了一系列的震盪。他們兩人對於當時不同宗教間存在的矛盾和對立應該是有所瞭解；因為，普德就是因高句麗的佛教、道教之爭而選擇離開故土。可以說，在導致高句麗滅亡的眾多因素中，佛道對立是一個頗為重要的影響因素。

這個問題是自佛教傳入中國之後而產生的。道教原是中國本土最早的制度化宗教，東漢末年漸興，南北朝逐漸完善，至唐時更尊為國教。佛教則是起源於印度，約在漢明帝時傳入中國，興盛於魏晉，隋唐之時寺院僧尼亦遍布四方。佛、道二教在相互吸收、融合之時，因其發展的實際利益，教團間爭鬥頗多；

特別是在唐代初期「重道抑佛」的影響下，佛道之爭異常激烈。

有關「佛道之爭是什麼時候開始的」這個問題，學界的討論已經相當豐富。我們可以換一個視角，討論一下佛教融入中國時所採取的策略。作為「胡人」的本土宗教，佛教是通過西域商人帶到長安、洛陽等地展示和傳授的，也或者是在與胡人的日常交往中，受他們信仰的影響所致。試想，第一批接觸到佛教的中國人是如何理解這種來自異域的信仰呢？

當時的佛教首先被看做是道術的一種。魏晉時期，人們視佛陀為「大聖」，認為其有祛鬼除魔的法力；換句話說，當時的佛教在人們日常生活中的概念其實是「法力」，而不是佛理或複雜的思想體系。

那麼，「佛道之爭」是在「爭什麼」？簡單地說，是在爭奪「資源」，對信仰資源的爭奪才是最真實的。比如說，我們日常生活中有信仰需求和現實的生活問題，此時是選擇法師念經還是道士作法？這才是真正意義上的法術之爭或者效驗之爭。高深的道理之爭，是少數專業人士的事情；對於當時的一般大眾，誰的法術厲害，誰才是王。

再次入唐

入唐求法夢想受挫的義相和元曉，在西元六五〇年（新羅真德女王四年）回到了新羅。此後，一直到他們於西元六六一年第二次入唐的十年間，兩人從而立之年到不惑；對他們而言，是猶如黃金般的重要時期。

對於當時的新羅來說，這一時期正值真德女王和武烈王的統治時期，新羅與百濟的戰爭正在如火如荼地進行中。西元六四七年十月（真德女王元年），百濟與新羅間發生戰爭，新羅將軍丕寧子和舉真父子均戰死沙場，百濟一方也損失了三千多人。西元六四八年三月，百濟義直領兵入侵新羅的西部邊陲，金庾信率兵抗之。

西元六六一年，太宗武烈王駕崩，太子法敏繼承王位，號文武王，戰爭還在繼續。這一年，三十七歲的義相和四十四歲的元曉，踏上了二次入唐求法之路。當然，出發之前，需要向新羅官方報備，並獲得許可和相關的證明文書。

七月的某個清晨，趁著天氣較為涼爽，義相和元曉從新羅的首都慶州出發了。為了避免十年前經歷的艱辛和苦難，兩人制定了周密的計畫，也做好了充分的準備。這次選擇了水路，打算從港口坐船前往大唐。陸路雖然安全係數高，但是要繞道高句麗，不但耗時還很費事。為了避免重蹈覆轍，再次被高句麗軍隊抓住，所以兩人選擇了耗時短、但是危險係數大的水路。

新羅和唐朝之間當時的海路行程，是先陸路再水路。從慶州出發後，沿途經過永川、安東、水原、天安等地，然後到達南陽灣附近的港口邊城——黨項城。從這裡的碼頭乘船，隨海洋暖流而飄行，可以到達登州或是揚州，然後沿著驛站即可前往長安。

這條路線中最危險的部分就是乘船渡海。要知道，海上風高浪險，行旅寂寞，即便是當時航海技術高超的新羅人，面對大自然的力量也是無可奈何，能平安抵達目的地者，十之三四。古人視水上路程為「畏途」，是不無道理的。

義相和元曉一路風塵僕僕地連日趕路。

且說某日，大雨磅礡，兩人又趕了一天的路，來到了距離黨項城還有二十多里的郊外。當時天色已昏暗且雨勢未歇，道路泥濘難行，不利前行，兩人便借宿於路旁土龕。

正所謂無巧不成書；在我們這些後人看來，義相和元曉應該是選擇了一條天意之路。因為，在這裡發生了一件不起眼的小事；但就是這件小事，讓兩人以後的人生道路發生了巨大轉折。

《宋高僧傳》義相傳記中的記載如下：

釋義湘，俗姓朴，雞林府人也。生且英奇，長而出離；逍遙入道，性分天然。年臨弱冠，聞唐土教宗鼎盛，與元曉法師同志西游。行至本國海門唐州界，計求巨艦，將越滄波；倏於中塗遭其苦雨，遂依道旁土龕間隱身，所以避飄濕焉。迨乎明旦相視，乃古墳骸骨旁也。天猶霢霂，地且泥塗；尺寸難前，逗留不進，又寄埏甓之中。夜之未央，俄有鬼物為怪。曉公嘆曰：前之寓宿，謂土龕而且安；此夜留宵，托鬼鄉而多崇。則知心生故種種法生，心滅故龕墳不二；又三界唯心、萬法唯識，心外無法胡用別求！我不入唐，卻攜囊返國。湘乃隻影孤征，誓死無退。

《宋高僧傳》中記載元曉是因為古墳骸骨而覺悟，但還有另一個流傳甚廣的版本，是說元曉喝下了頭蓋骨裡的積水而覺悟的傳說。宋代覺範慧洪（西元一〇七一至一一二八年）編撰的《林間錄》中記錄了不同的版本：

唐僧元曉者，海東人。初航海而至，將訪道名山。獨行荒陂，夜宿塚間。渴甚，引手掬水於穴中，得泉甘涼。黎明視之，髑髏也。大惡之，盡欲嘔去，忽猛省！嘆曰：心生則種種法生，心滅則髑髏不二；如來大師曰三界唯心，豈欺我哉！遂不復求師，即日還海東，疏《華嚴經》，大弘圓頓之教。予讀其傳至此，追念晉樂廣酒杯蛇影之事。作偈曰：夜塚髑髏元是水，客杯弓影竟非蛇；箇中無地容生滅，笑把遺編篆縷斜。

《宋高僧傳》編撰於西元九九八年，《林間錄》則是在百餘年後的西元一一〇七年刊行；從時間順序上來說，前者的記錄應該更接近真實。但考慮到《林間錄》的作者慧洪在編撰此書時閱讀了當時流傳的元曉傳記，所以這部分有待商榷。

永明延壽（西元九〇四至九七五）在《宗鏡錄》中也有記載元曉的傳說：

如昔有東國元曉法師、義相法師二人同來唐國尋師。遇夜宿荒，止於塚內。其元曉法師，因渴思漿。遂於坐側見一泓水，掬飲甚美；及至來日觀見，元是死屍之汁。當時心惡吐之，豁然大悟。乃曰：「我聞佛言，三界唯心，萬法唯識，故知美惡在我，實非水乎。」遂卻返故園，廣弘至教。

《宗鏡錄》的刊印要比《宋高僧傳》早二十七年，所以其收錄的內容應該更可信。不過，《宗鏡錄》和《林間錄》的記錄都說元曉開悟是入唐後的事情，這也是有待商榷的地方。即便如此，也很難斷定哪個記錄是正確的，哪個是錯誤的。在這些記錄中，元曉的體悟過程更似是投射了後人的想像。

不論如何，以上三種記錄雖然存在差異，但基本故事情節相似，共同點是元曉的開悟與墳墓有關。如果說《宋高僧傳》的記錄是平實的，《宗鏡錄》和《林間錄》的記錄則有更多的潤色，其敘述更引人入勝。這也許就是後人更喜歡元曉因骷髏頭蓋骨的積水而開悟之典故的原因吧！

回到元曉的開悟契機來。翌日清晨，元曉起來後環顧四周，只見古墳骸骨四散。想到昨晚為了躲避暴雨而躲進土龕中，因口渴難忍而喝了「清涼的泉水」，一夜平安無事；一早醒來，卻突然發現兩人寄宿的地方竟是一個墳堆，昨晚喝的竟是頭蓋骨裡的積水。前一晚的真實，這一刻的虛幻，孰真孰假，在元曉的腦海中激烈的翻滾迴盪。

頭蓋骨裡的積水，不論是在昨晚的濃濃夜色中，還是在今晨明亮的朝陽中，都是一樣；何者為變，何者不變？如果說有什麼變化，那就是元曉自己的認識。他所碰到的對象，無論在晚上還是早晨都是一樣的；但是，由於主觀意識的不同，導致了認知的不同。

昨晚還是安靜而舒適的避風港，今晨發現竟然是亂墳堆；昨晚喝的泉水，原本只覺得清爽，在明媚的晨光中反而令人噁心。於是，元曉明白了一切唯心造的道理；如此一來，許多曾百思不解的疑團也就逐漸明朗。在那個早晨，在晨光照射到積水的那一刻，元曉在屍骨深埋的古墳中，從多年的癡夢中覺醒。

他領悟到「心生則種種法生，心滅則骷髏不二」的真正含義，即「一切唯心造」，他明白了「三界唯心，萬法唯識；心外無法，胡用別求。」

當下體悟的元曉決定不去遙遠的大唐學習佛法。在目送義相獨自走上旅程之後，元曉也原路獨自返回了新羅，開始了他的弘法之路。

黨項城外，唐恩碼頭

早在三日前，一個十幾人的使團從王都慶州來到了這裡。因為，在一個多月前，在唐的新羅宿衛金仁問等人帶著唐太宗的敕命回到了新羅，他要文武王派兵協助大唐的軍隊攻打高句麗；新羅國內糧草兵馬一切準備就緒之後，王派遣使團入唐復命。考慮到北路的登州航線會途經高句麗領域，在這個戰爭一觸即發的時刻，使團此行選擇了路途相對遙遠的南路航線，目的地是揚州。

為了遠行，要備足食糧和淡水，同時還要確認天氣和潮汛後才能啟程出發。偏巧在這個節骨眼，使團隨行的譯語（即翻譯）怕是吃壞了肚子，上吐下瀉，幾日來高燒不止。雖然吃了城裡的郎中開的藥，病情日漸好轉，但這虛弱的身子肯定經不起長途跋涉的辛苦了。眼看今日就得啟航，這個時候臨時找人也來不及，使團領隊正在為此事而頭疼。

獨自踏上旅程的義相，中午時分來到了黨項城；大戰在即，又是邊防要塞。自然少不了一番盤查。因為他是出家人——前面提過，當時的出家人身分多為貴族，所以守城的軍官沒有太為難，驗明身分之後，義相得以入城。

進得城來，義相急匆匆地趕往碼頭。剛才守城軍官知道他打算入唐求法之後，告訴他午後一艘官船將會啟程入唐，於是義相想看看能否搭乘前往。

距離碼頭還有一段距離，映入眼簾的是一艘大船，全長大約四丈長、一丈五寬（即約十三公尺長，四點六公尺寬），主桅杆高達五公尺。船身高大，底尖面闊，首尾高昂，有多層船板結構，龍骨粗大無比，整體堅固壯觀。

再看船附近的碼頭上，一個官員焦急地走來走去，時不時停下腳步望向城中，口中嘆息不已，似乎有什麼煩心的事情。義相也顧不上許多，上前一步，雙手合十，開口問道：

「在下義相，皇福寺僧，今欲入唐求法，不知官人船隻是否前往？」

官員上下打量義相，有些不悦地問：「可有證明文書？」

「有。」義相取出並遞上證明身分的僧籍和朝廷頒發的入唐文書；確認後，官員的語氣緩和些，又問：「你可會唐言？」

「略知一二。」

「既然如此，能否擔任譯語一職？」

「定不辱命！」

聽到義相的回覆，官員心頭如釋重負，脫口而出：「天助我也！天助我也！」趕緊把義相迎上船隻，吩咐手下好生招待，然後命令水手做好啟程的準備；待一切妥當，使團便離開了碼頭，向著大唐出發！

義相站在船頭，任憑海風撲面而來。他回頭看了看逐漸遠去的黨項城，轉過頭來，用堅毅的眼神看向那遠方海天交接之處。

遠水迢迢，關山隱隱，異鄉的月暈與茅檐，充滿了未知和期待。

此一行，海闊，天空！

第三章　天下修道　終南為冠

一日，（宣）律師請相公齋，相至坐定既久，天供過時不至。……律師問：今日何故遲？天使曰：滿洞有神兵遮擁不能得入。於是律師知相公有神衛，乃服其道勝。

揚州登陸

西元六六一年，唐高宗龍朔元年，新羅文武王元年。

七月的一天，揚州碼頭。

義相搭乘的新羅使船向岸邊停靠；待船停穩後，一眾人員離船登岸，按照大唐的規定完成相關的查驗和登記手續。

唐代的揚州，擁有得天獨厚的地理條件，這座城市正好處於南北大運河與長江的交接處，更與大海相通，乃水陸交通的總樞紐；加上隋代以來累積的經濟基礎，讓揚州在唐代時發展為大型的城鎮，商業貿易特別發達。揚州除了擁有唐代國內貿易的地利之便外，同時也是國際貿易的重要港口。

不僅有鄰近的新羅、日本等國的海外商船，從中東遠道而來的胡商也多會至揚州貿易，可見揚州在唐代的南北水陸交通上的重要性。除了長安城之外，揚州也是個外國商人雲集的地方。

來往揚州及其附近的新羅人當中，從事運輸業的人不在少數，他們主要在揚州到泗州的江淮運河路線和從楚州經由淮水下游到海州、密州、萊州、登州等地區活動。如果經由汴水連接洛陽和長安的航路是唐朝當時的經濟命脈；那麼，經由山東往來朝鮮半島和日本的航路則是唐政府統治力相對鬆懈的區域，新羅商人以該區域為中心積極開展著海上貿易活動。

揚州城。初唐三大名城之一，中晚唐四大名城中也有揚州。

且說，這揚州城的州將劉至仁本是個好佛之人，聽說有新羅使團裡來了一個會說唐言的高僧，趕忙過來拜見，並請義相前往衙內供養。一番寒暄之後，劉至仁得知義相是要前往長安求法，更是肅然起敬，於是如數家珍地向義相介紹起這揚州城內的佛寺。

原來，早在隋代晉王楊廣任揚州總管時，因為他擁護佛教，揚州便成為當時南方的佛教中心。楊廣本人是位居士，也受過菩薩戒，舉辦過盛況空前的千僧會。揚州當時高僧雲集，寺院林立，佛學活動十分活躍。隋文帝時，揚州寫經業也十分發達，書手多達數十人。文帝三次敕令各州建造佛塔，揚州是全國第一次立塔的三十州之一。時至唐代，揚州僅城內就有寺廟數十處，天台宗、三論宗、密宗、淨土宗、禪宗、律宗都有流傳。

聊到開心處，竟忘了時間。眼看到了吃晚飯的時候，劉至仁請義相大師以及使團眾人在府內用齋，並約定次日前往大明寺參訪。當晚，義相和使團眾人下榻在城內會館，因旅途勞累，當夜休息無話。

第二天一大早，義相以及使團眾人隨劉至仁出了揚州城西門，走了大約三里地，大明寺就已經隱約可見；青山碧水間，一角飛檐露出，還有那高高聳立的木塔，顯得大明寺更加幽深。這大明寺，始建於南朝劉宋孝武帝大明年間（西元四五七至四六四年），是揚州最大的寺院之一；因在城西，又名西寺，是揚州人拜佛必去之處。

義相與州將走進寺院。只見大明寺的山門殿兼作天王殿，正門上額「大明寺」三字，字體古風流溢。殿內供有彌勒像，背面為護法韋馱，兩旁分立持國、增長、廣目、多聞四大天王。

過天王殿，但見庭院開闊，古木參天，香烟繚繞。東有百年檜柏，西有百年黃楊，中有寶鼎兩尊；從這兩座重達五百斤的大鼎來看，大明寺根本就不缺香火錢，不愧為揚州首剎。

走過一條花崗岩甬道，就到了大雄寶殿。大雄寶殿為南朝建築，面闊三間，前後回廊，檐高三重，鏤空花脊。屋脊高處嵌有寶鏡，陽有「國泰民安」四字，陰有「風調雨順」四字。

大雄寶殿內，經幢肅穆，法器俱全。正中是坐於蓮花高臺之上的釋迦牟尼佛，大佛兩側是他的十大弟子中的迦葉和阿難；東首坐著藥師佛，西首坐著阿彌陀佛；佛壇背後是「千手觀音」之塑像，兩邊是十八羅漢像。殿堂佛像金光煥彩，法相莊嚴。

義相淨手上香，並且三叩首；每叩一下，寺僧敲響鐘磬，悠長的聲音裊裊地在大殿內回響。

出了大雄寶殿，往右穿過一個拱門，進入一個幽靜的小院，這裡就是栖靈塔院。此塔是隋文帝仁壽元年（西元六〇一年）所建，塔高九層，純木結構，塗飾絢麗，蔚為壯觀。

一番遊覽下來，大明寺伽藍給義相留下了深刻印象。與新羅的寺院布局不同，大明寺伽藍東西對稱，庭院錯落有致；而新羅因為山地居多，所以寺院大都不對稱，但依據山勢而高低分明。兩國的伽藍構造雖然不同，但各有韻味。

對於這一點，義相聽師父慈藏法師講過，那差不多是十多年前義相剛出家的時候；如今親眼看到，更加堅定了他入唐求法的決心，對長安的一切更加期待。

在揚州城內休息三日之後，義相跟隨新羅使節繼續趕路，前往遠在揚州西北二千七百五十三里外的長安城，那裡才是他們此行的最終目的地。

當時最快的路線是水陸並行，也就是從揚州先到泗州，然後經汴州、洛陽，最後到達長安，怎麼也得十天半個月才能到。這點兒辛苦對於經歷了種種磨練的義相而言，都是可以忍受的。

長安，近在咫尺！

問道長安

大唐龍朔元年（西元六六一年），八月初十。

長安城東三十里外，城東驛，日落西山。

新羅使團與義相一行十幾人風塵僕僕地從揚州趕來，一路上舟車勞頓。因為長安城晚上城門關閉，趕夜路沒有意義，一行人就住在了驛站。

寅時五刻，晨鐘響起。隨著一陣嘎吱聲，長安外城各個門洞的厚重坊門被緩緩推開，城門打開，開禁通行。

辰初，使團眾人已經洗漱完畢，收拾好行裝，等待出發。之所以遲遲不出發，是在等鴻臚寺開門；因為，外國來的使團首先得去鴻臚寺登記並獻上貢物，外國來的出家人也是要報備的。根據唐朝的規定，前來留學的外國僧人（主要是新羅、日本求法僧），若僑居中國長達九年不歸者，就要編入長安僧尼籍帳，所以要登記其最初來的日子。從這個規定中，可以看出唐代僧籍管理制度的嚴格，即使方外之士中的外僑，也要按國家的法令登錄於籍。

這個時候，鴻臚寺的最高長官鴻臚寺卿還在參加早朝，正所謂「三公坐而論道，九卿作而成務，天子可恭己南面而已。」三公（中國古代朝廷中最尊顯的三個官職之合稱）坐著議論國家大事，九卿（古代中央部分行政長官的總稱，泛指具體執行的官員）通過具體的工作來完成管理事務，天子則需恭謹地律己以領導國家。

大唐建國之處按制度規定：「凡京司文武職事九品已上，每朔、望朝參；五品已上及供奉官、員外郎、監察御史、太常博士，每日朝參。」（《唐六典·卷四·禮部》）在唐代長安的官署裡，共有內官兩千六百多人，又分為常參官和非常參官。常參官就是每天必須面見皇帝的職事官，一般五品左右的官員才有資格，人數近千人。

每天早朝除了特別的祭祀和節日之外，基本一致，官街鼓通常會在當天早上五點左右響起，散居長安各處的官員們則會起得更早；因為，如果遲到或無故不到，一月白幹不說，還可能丟了烏紗帽。早朝一般在六點半至八點半舉行，之後官員們回到各自的崗位辦公，處理相關公務。

辰末，城裡來人通知使團，鴻臚寺開門辦公了。驛站裡立刻喧騰起來，使團眾人把臥在地上的馬匹都趕了起來，點數貨箱，呼喚同伴，叫嚷聲此起彼伏。新羅使團終於要進入大唐的首都長安城了。

鴻臚寺

中國古代官署名，主掌外賓、朝會儀節之事，是九寺之一。秦曰「典客」，漢改為「大行令」，武帝時又改名「大鴻臚」。鴻臚，本為大聲傳贊、引導儀節之意，大鴻臚則主外賓之事。至北齊，置鴻臚寺，後代沿置。南宋、金、元不設，明清復置，清末廢。

唐初因隋之制稱鴻臚寺，龍朔二年（西元六六二年）改為同文寺，咸亨元年（西元六七〇年）稱鴻臚寺，光宅元年（西元六八四年）改為司賓寺，神龍元年（西元七〇五年）復稱鴻臚寺。

設卿一人，從三品；少卿二人，從四品上。領典客、司儀二署，下設丞二人，從六品上。主簿一人，從七品上；錄事二人，從九品上。及府五人，史十一人，亭長四人，掌固六人，編制為二百五十五人。

鴻臚卿掌賓客吉凶儀禮之事，凡各少數民族首領或國外使者來京朝見，鴻臚寺負責辨其高下之等，享宴之數。凡承襲爵位者，則辨其嫡庶；若有封命，則持節前往冊封。遠方來唐人士及朝貢使者，負責迎送接待。朝貢之物，先上數於鴻臚寺，由本寺估定其價值，定出回賜物品多少。凡高級官員死於京師，分別由卿、少卿、丞代表政府前往祭奠，並提供喪葬之具。鴻臚寺署在京師皇城南面朱雀門內之西。

唐代習慣把外國和外族稱為「蕃」，而把來朝的君主、酋長和外交使節等都稱為「蕃客」。由於唐朝強盛的國力和繁榮的經濟、文化，對周邊少數民族政權及國家有著極大的吸引力；因此，許多君主、酋長紛紛派遣使者前來發展雙邊關係。於是，鴻臚寺一項十分重要的職能就是負責迎送這些蕃客們。根據《舊唐書．卷四十四．職官志三》記載，蕃客的「迎送皆預焉」；也就是說，凡是與蕃客入境、出境相關的一切事宜，幾乎都在鴻臚寺的職掌範圍之內。

蕃客到達長安後，往往會要求覲見唐朝皇帝，遞交本國君主送呈的文書；所有外交文書的呈遞、面見皇帝奏事等程序，都要先通過鴻臚寺來完成。蕃客如果有需要上呈的文書或者提出任何具體的要求，都需要先上報給鴻臚寺，由鴻臚寺管理和接轉，然後根據需要做進一步安排。鴻臚寺官員會根據蕃客所屬國家，將文書分門別類，每月向上呈報一次。根據《新唐書．卷四十八．百官志三》記載：「蕃客奏事，具至日月及奏之宜，方別為狀，月一奏，為簿，以副藏鴻臚。」

這裡的「方」就是指四方之國。按照規定，鴻臚寺根據蕃客所屬國的地理方位，按東南西北四個方向的國家，分別整理蕃客上奏的文書，寫成一狀，狀中要寫明蕃客到達的日期以及具體要上奏的內容，再分成正副兩本，正本每月向上呈報一次，副本則留在鴻臚寺內。

長安城（位於今陝西省西安市），是在隋朝新都大興城的基礎上擴建而成的，是當時世界上最繁華、人口最多、面積最大的第一大城市。當年隋文帝因為嫌棄漢長安城裡的水又鹹又苦，就在「子龍首山南」興建新都大興城。首先是修建城牆把地圈起來，在城內修建皇帝居住的「宮城」，再修建安置百官的

「子城」，最後修築外郭的「坊市」安置百姓。

唐朝創立之後，繼續不斷修建擴建長安城，歷時五十多年，直到唐高宗李治時期才算基本完工，全城面積達到八十七平方公里。與之相比，漢代長安城三十五平方公里，明代長安城不過八點七平方公里。

當時的唐都長安，不僅是全國的政治、經濟、文化中心，而且是舉世聞名的國際大都會，是東西方文明交匯的中心。西域各國和唐朝的往來，必須經過長安；東亞、南亞各國經陸路與西域交往，也必經過長安，自然各國使節也是常來常往。

美國學者薛愛華（Edward Hetzel Schafer, 1913-1991）在其所著的《唐代的外來文明》中說：「在唐朝統治的萬花筒般的三個世紀中，幾乎亞洲的每個國家都有人曾經進入過唐朝這片神奇的土地；前來唐朝的外國人中，主要有使臣、僧侶和商人這三類人。」

對當時的長安老百姓來說，天天都能見到外國人，所以早就見怪不怪。長安城裡外國人的數量相當大，主要是來自大唐的北方和西方，即突厥人、回鶻人、吐火羅人、粟特人以及新羅人，也有許多大食人、波斯人、天竺人等。不愧「國際大都會」之稱。

唐長安城

面積約八十七平方公里。規畫之初，就把城市按照周易學說以及龍首原地形，嚴格設計。全城被東西、南北交錯的二十五條大街分為一百零八個坊，沿朱雀大街分列排布。作為當時世界最偉大的城市，在城市建設和管理上擁有十分獨到的經驗，其中一大特色就是里坊制。里坊制脫胎於西周的閭里制，形成於漢朝；經過歷代的發展演變，在唐時期被完善並發揚到極致，可以視為那個時代的國有高級社區。

里坊均有高一點五公尺左右的圍牆環繞，坊牆厚度一般為兩公尺至三公尺，均為夯土建成，四面各開一門。皇城南三十六坊只開東西街和東西門，不開南北街和南北門，用意為「不欲開北街泄氣，以沖城闕。」

坊牆之內就是一個豐富的小社會。一般來說，每坊都有東西南北交織十字街，街道把整個坊劃分為四個區域，每區域內會有十字巷，再進行劃分，共分為十六個區域。街巷的寬度均被嚴格控制，十字街的寬度均為十五公尺，巷的寬度一般為兩公尺左右。經過街巷劃分，坊內的每一個區域都會有精確的定位；因此，長安人報籍貫，往往可以精確到某坊某街巷。

坊的最小單元就是住宅。唐朝對住宅規模形制有嚴格要求，並納入法律規範。《唐六典》記載：「凡宮室之制，自天子至於士庶，各有等差。天子之宮殿皆施重栱藻井。王公、諸臣三品以上九架，五品以上七架並廳廈兩頭，六品以下五架。其門舍，三品以上五架三間，五品以上三間兩廈，六品以下及庶人一間兩廈。五品以上得制烏頭門。」官員如違反，杖責一百，並勒令拆除。

里坊制不僅是一種城市規畫，更是一種城市管理制度。每個坊設有管理長官坊正，定時關閉坊門，處理坊內日常事務。長安實行嚴格的宵禁制度，從一更三點（即為晚上八點十二分，一更為晚間七點到九點，每更分為五點，一點相當於二十四分鐘）的暮鼓，到五更三點（凌晨四點十二分）到晨鐘，坊內居民嚴禁出入坊門，一旦犯禁就會笞打五十下。

唐朝建立之初，長安常住人口約九十萬；據推算，一個規模中等的坊，居住人口至少五千人。如此龐大的城市，居民往往也自發形成分區。一般官員住宅靠近宮城，商人住宅靠近兩市，農民靠近城門。農民在長安城占很大比例，他們日出而作、日落而息；長安城南部人煙稀少，很多居民於此耕作。

春明門、含光門

春明門始建於隋初，位於長安城東牆正中偏北處。一般來說，城門都有三個門洞，但是春明門只有一個，也許是時間久遠所以沒有擴建。門高約六公尺，東西長二十三公尺，南北寬十五公尺。

春明門地靠興慶宮，門內春明門街又直通東市、皇城，故被稱為唐長安城的「東中門」或「東正門」。唐時，許多遠道而來的客人都要經此門入城，特別是來自新羅和日本的使團、至留學生以及求法僧等；此外，進京的官員和入唐使節到尚書省及鴻臚寺辦事也要過春明門。

在唐長安城的十二個外郭城門中，「春明門」聽上去不那麼霸氣威嚴，反倒給人一種親切感。那麼「春明」取自何意呢？據推測，唐人常由「東」聯想到「春」，所以面東的春明門取意「春光明媚」。

只見站在春明門外的署吏們一手持簿、一手持筆，站在入口的兩側，面無表情地一個一個查驗往來人員的通關文牒和貨物。

在提交通關文書之後，義相隨新羅使節團跟著熙熙攘攘的人群，從城門左側依序緩緩進入。這是因為，唐太宗時期，宰相馬周制定了行人進出長安城的規定——「入由左，出由右」；意即，進城門必須靠左邊行走，出城門則必須靠右邊行走。這個規定可說是中國古代最早的交通規則。

春明門內東西向的大街即是春明門街，是唐長安城主幹六街之一。春明門街長二千二百四十公尺，其南側有東市，商旅頻繁出入，使這裡顯得熱鬧非凡。義相等人進得春明門後，一路順暢，轉眼就來到了皇城南側的含光門外。

整座長安城規模宏偉，布局嚴謹。外郭城開十二座城門，宮城平面為長方形，有四座城門。皇城城北與宮城城牆之間有一條橫街相隔，其餘三面有五門，南面三門，中間是朱雀門，左側是安上門，右側是含光門。

含光門是唐代長安城皇城南面的一道偏門。門道分為三條，中間門道為御道，是專供皇帝出行使用的；兩側的東、西門道，是文武百官出入皇城的通道。在長安城眾多的城門中，含光門只是一道偏門，但每天都是車水馬龍，迎來送往，熱鬧非凡。它在長安城內無人不知，無人不曉。為什麼呢？

這是因為，含光門承載了一項非常重要的功能——外交。來自各國的賓客往來頻繁，都要出入含光門，這是由含光門特殊的地理位置決定的。它東臨鴻臚寺和鴻臚客館、西與西市相鄰，鴻臚寺相當於今天的外交部，鴻臚客館相當於今天的國賓館；含光門是他們必走之門，所以被譽為「外交之門」。唐代國力強盛，吸引世界各國紛紛派出使節出使大唐，形成了「萬國來朝」的盛況。皇宮大明宮內，曾經一下子宴請過全世界七十多個國家的客人，盛況空前。

除了各國使節，不同膚色、不同語言的客商、學者、工匠遠道而來，也要穿過含光門踏進長安皇城，走進熙熙攘攘的西市進行買賣。在這裡，波斯商隊的駝鈴整日不休，高鼻深目的胡姬當壚賣酒，膚色黝黑的昆侖奴（當時的東南亞棕色人種）穿行街頭，每日都能聽到不同語言吟誦著不同宗教的禱文與祝福。因此，含光門又被稱為「商貿之門」。

各種文字上都記載，唐長安城的人口達到一百萬。在唐時，長安城普遍是一戶六口；除去皇城和宮城等區域，大約是九十萬人。常備軍是十六衛和北衙禁軍，約十五萬人。軍民這一塊加起來還真是有這麼多人。

與此同時，還有無法計數的世界各國的使團成員、留學生、留學僧人。除去動輒數十上百人的使團，單說留學生，據《資治通鑑》記載，從貞觀十四年（西元六四〇年）開始，長安國子監增築學舍並增加學員；「於是四方學者雲集京師，乃至高麗、百濟、新羅、高昌、吐蕃諸酋長亦遣子弟請入國學，聖堂講筵者至八千餘人。」算上東瀛來客，估計至少上萬人。

進了含光門，右面一片建築就是鴻臚寺所在。向鴻臚寺呈上使者團的國書及成員名單後，新羅使節團住進了鴻臚寺專門接待外國使團的鴻臚客館。

鴻臚寺下設的典客署有專門接待使者和各類蕃客的客館，對在唐期間蕃客的生活進行管理。《唐六典．卷十八．鴻臚寺．典客署》記載：「凡酋渠首領朝見者，則館而以禮供之。」

典客署下設的客館根據入唐蕃客的不同情況提供住宿。如果來者身分是入唐留學生，則會被安排在唐長安國子監六學中學習；他們的食宿費用全部由大唐提供，還向他們免費提供四季服飾，其他購買書籍等費用則是本國供給。

早在貞觀十四年（西元六四〇年），新羅就已經派遣王族子弟來到大唐學習。貞觀二十二年（西元六四八年），新羅王族金春秋所提出的派遣質子來到大唐，以此爭取唐朝對新羅的支持。從此，新羅隔三差五就會派遣王子和留學生來到大唐學習。根據《東史綱目》記載：「新羅自事唐以後，常遣王子宿衛，又遣學生入太學習業……又遣他學生入學者，多至百餘人。」根據嚴耕望先生考證：「自太宗貞觀十四年新羅始遣派留學生起至五代中葉，三百年間，新羅所派遣之留唐學生，最保留之估計當有兩千人。」

同時期的日本送來多少留學生呢？日本的留學生往往都是跟著遣唐使來的。根據《日本書紀》的記載，日本大概是從舒明天皇二年（唐太宗貞觀四年，西元六三〇年）開始到宇多天皇寬平六年（大唐昭宗乾寧元年，西元八九四年）期間，共任命遣唐使十九次，實際上成功來訪的只有十三次。根據日本學者木宮泰彥考證，日本遣唐學生這幾次加起來共計約有一百四十九人，實際到達大唐的也就一百一十八人。

兩千對一百，兩國派遣學生數有如此大差異的根本原因是交通問題。朝鮮半島跟大陸接壤，有陸路和海路多條路線，交通條件相對於日本而言可說便利不少。反觀日本，跟大唐之間隔著汪洋大海，要來一趟只能走海路，每次出行都得看老天爺的心情，所以非常不方便。

唐朝首都長安不僅是政治、經濟、文化的中心，也是佛教的中心。京城內寺院林立，規模宏大，佛教發展水平高。唐代初年，長安城中遺留的隋代的佛教寺院尚有七十多座。隨著時間的推移，在貞觀之治、開元盛世之間，長安城裡的寺院更是層出不窮。不僅唐代佛寺的興建主要集中在這一時期內，唐代最有影響的佛寺也多建於這一時期，如太宗時的大慈恩寺，高宗時的西明寺、青龍寺、資聖寺等。

西明寺

是唐代長安的主要寺院之一，也是唐代御造經藏的國家寺院，位於長安城延康坊西南隅右街（在今西安市白廟村一帶），與同在右街的大莊嚴寺及位於左街的慈恩寺、薦福寺齊名。

據《唐會要．卷四十八．西明寺》載，西明寺「本隋越國公楊素宅……貞觀中賜濮王泰，泰死，乃立為寺。」再據《大唐大慈恩寺三藏法師傳》載可知：「顯慶三年（西元六五八年）正月，駕至東都還西京。法師亦隨還。秋七月，再有敕法師徙居西明寺。寺於元年（西元六五六年）秋八月戊子十九日造。」

《法苑珠林．傳記篇》云：

詔為皇太子西京造西明寺……寺別用錢各過二十萬貫，寺宇堂殿尊像播花妙極天仙，巧窮鬼神。

西明寺落成之日，唐高宗親自參加了典禮。蘇頲《唐長安西明寺塔碑》云：「遂賜田園百頃，淨人百房車五十兩，絹布二千匹，徵海內大德高僧，有毗羅、靜念、滿顥、廣說、鵬耆、辯子、鶖子、知會凡五十人，廣京師行業童子，有空靜聞、善思喜法、須迦分施、撰擇不染者，凡一百五十人，導天衢指天寺，上御安福觀以遣之，有則有容，昂昂愚愚，駢象馬，錯人龍，幡幢之陰，周四十里，伎樂之響，震三千界。

道宣律師所著之《集古今佛道論衡．卷四．上以西明寺成召僧道士人內論義事一條》第二亦云：

顯慶二年六月十二日，西明寺成，道俗雲合，幢蓋嚴華；明晨良日，將欲入寺，簫鼓振地，香華亂空。自北城之達南寺，十餘里中，街衢闐。至十三日清旦，帝御安福門上。郡公僚佐，備列於下。內出繡像長幡，高廣驚於視聽，從於大街，沿路南往，並皆御覽，事訖方還。

由此可知，西明寺在當時可謂盛極一時。

對於入唐求法的出家人，鴻臚寺為其提供修行的場所，這些場所主要是官方指定的求法寺院。因為，求法僧們都住在固定的寺院裡方便管理，一旦有事需要鴻臚寺核查，就可以很快地查找到他們的去向。

長安的西明寺當時是唐朝接待外國僧侶的主要寺院；之所以多把外國出家人安排在這裡，主要原因是西明寺很大。有多大呢？寺院占據了延康坊的四分之一，面積有十二點二公頃，相當於今天十七個足球場那麼大。

整座寺院建築是仿天竺祇園精舍建築的名剎，氣象萬千，蔚為大觀。寺院裡有房屋四千餘間，分為十個院落，是當時大唐規模最大的寺院。在這裡接待外國求法僧，可以盡顯大唐國威。

此外，西明寺的西北就是大唐的商業中心西市。西市不僅是唐長安城最主要的工商業區和經濟活動中心，而且是當時的國際貿易中心，同時也是唐長安城佛教寺院分布最為密集的地區。這一地區擁有長安城近三分之二的佛教寺院，方便來自各國的求法僧前往長安各大寺院尋訪高僧，聽經聞法。

同大多數入唐求法僧一樣，義相也被安排住在西明寺。在客堂登記之後，由知客僧領著前去向方丈和尚請安；主賓落座，自是少不了一番寒暄，略去不表。眼看就是過堂時間，知客僧又帶著義相隨大眾用了齋飯。飯後，知客僧又馬不停蹄地帶著義相穿過幾道拱門，來到東院一個清幽的所在。

唐朝時期的建築，一律採用朱紅與白色的組合，看起來鮮豔悅目、簡潔明快。院子掩映於翠竹之中，正所謂：「青青翠竹，總是法身；鬱鬱黃花，無非般若。」

知客僧指著其中一個房間說：「法師以後就住在這裡吧，等一下我讓客堂把被褥等生活用品給您送過來。如果還有什麼需要的，隨時到客堂找我即可。」

說完，也不等義相回話，合十告辭轉頭就離開了，義相也趕忙回禮。目送知客僧離開之後，義相推開屋門，環視屋內。地上的水漬還沒有完全乾，應該是不久前剛剛打掃完畢。牆體是白色的，內有一床一桌一椅，自是要比新羅皇福寺寬敞許多。義相放下隨身的行李，興奮地東摸摸、西看看；坐在椅子上看著窗外風吹葉動，耳中傳來響亮的鳥啼聲。

就這麼靜靜地不知過了多久，他忽然想起了入唐之前，剃度恩師慈藏囑咐他的話：「長安是臥虎藏龍之地，寺院道觀眾多，可往參訪問道。有機會，還是要入終南山參訪，那裡才是修道之處。」

想到這裡，義相心中主意已定，先遍訪長安城內的高僧大德，然後往終南山修道。義相入唐的最初發心，本想去跟隨玄奘法師學習，正如《宋高僧傳》中所說，他和元曉大師當初是「慕奘三藏慈恩之門」，遂相約入唐求法。現在既然已經到了長安，自然是要一睹玄奘法師的風采。

不過，一打聽才知道，雖然早在顯慶三年（西元六五八年）正月，玄奘法師奉旨移住到新建的長安延康坊西明寺譯經；當他看到過去翻譯的《大般若經》殘缺不全，且錯誤很多時，遂決心重新翻譯。只是，《大般若經》卷帙浩繁，不僅需要很長時間，而且要有一個安靜的環境。玄奘法師由於多年勞累、疾病纏身，覺得玉華寺（今陝西省銅川市玉華寺）清幽僻靜，氣候涼爽宜人，是個理想的譯經場所，遂上表高宗皇帝，請求去玉華寺。高宗很快批准了玄奘的請求。於是，顯慶四年（西元六五九年）十月，六十歲的玄奘法師同門徒高僧一行前往玉華寺。

同玄奘一起到玉華寺的，除高足新羅僧圓測和神昉以及嘉尚、普光、窺基等人外，還有大德弘彥、釋詮、大乘欽、玄則、玄覺、寶光及大學者沈玄明等。

圓測與神昉

圓測名文雅，是玄奘的著名弟子之一。原是新羅國王孫，三歲出家，唐初來中國，十五歲受學於法常（西元五六七至六四五年）和僧辯（西元五六八至六四二年）。受戒後住長安玄法寺，鑽研《毗曇》、《成實》、《俱舍》、《婆沙》等論及注疏。玄奘回長安以前，圓測所學已很豐富，並負盛名。

西元六四五年玄奘回到長安，他就開始從玄奘受學。顯慶三年玄奘徙居新建的西明寺，圓測也在其中。他在玄奘門下與慈恩寺的窺基並駕齊驅。玄奘去世（西元六六四年）以後，他就在西明寺繼承玄奘弘傳唯識教義，因此，後世唯識著作中稱他為「西明」。他的《解深密經疏》大約就在此時寫成。

他性好山水，西元六六八年，曾往居終南山雲際寺，又在離寺三十餘里的地方，淨修了八年。在地婆呵羅來到長安稍前，他回西明寺講《成唯識論》。地婆訶羅於儀鳳初至垂拱末（西元六七五至六八七年）於兩京東西太原寺及西京弘福寺譯《大乘顯識經》等十八部經論，敕召名僧十人襄助，圓測與薄塵、嘉尚、靈辯等同充證義。證聖元年（西元六九五年），實叉難陀在洛陽大內大遍空寺重譯《華嚴經》，圓測應召前往協助講譯。經還未譯完，即於萬歲通天元年（西元六九六年）七月二十二日，在洛陽佛授記寺去世，後在龍門香山寺北谷荼毗、起塔。他的弟子西明寺主慈善和大薦福寺勝莊等，分了一部分遺骨，葬在終南山豐德寺東嶺上他曾經游歷過的地方。宋政和五年（西元一一一五年），同州龍興寺仁王院廣越又從豐德寺分了一部分遺骨，葬在興教寺玄奘法師塔左，與窺基塔相對，貢士宋復為作〈塔銘〉。

圓測現存著作包括：

一、《解深密經疏》四十卷。第三十五卷以後曾經佚失，但在藏文《丹珠爾》中保存有完整的譯本，近年來中國佛教學會觀空法師又從藏文譯成漢文補齊。本書為圓測僅存的主要著作。書中引及《大般若經》，可能是在玄奘去世後寫成的。本書又引玄奘譯的《瑜伽》、《唯識》、《雜集》、《俱舍》、《婆沙》諸論很多，引真諦譯的《決定藏論》、《三無性論》、《攝大乘論釋》、《般若疏》、《金光明記》、《解節經記》等也很多。特別是《解節經記》，幾乎隨時引到。本書卷一，引真諦翻譯目錄說，陳天嘉二年（五六一年）於建造寺譯《解節經》一卷、《義疏》四卷。《續高僧傳．卷一．法泰傳》說，法泰與僧宗、惠鎧等，於廣州制旨寺從真諦筆受文義，前後出經論五十餘部，並述《義記》等。因此，本書所引真諦《記》，可能是真諦的《義疏》，或法泰的《義記》。真諦的注解久已失傳，要瞭解他的學說，本書實為極重要的資料。

二、《仁王經疏》三卷。本書在說明所詮宗旨中，敘述了真諦、玄奘安立無相法輪的不同。

三、《般若心經疏》一卷。

另外，佚失的著作有《金剛般若經疏》、《阿彌陀經疏》、《成唯識論疏》等十一種。

另一位新羅僧神昉，生卒不詳，何時入唐無記錄。他是玄奘門下參與譯經最久的一位僧人，並被譽為四大弟子之一。他早在玄奘法師返回長安前就已是法海寺的大德；在貞觀十九年（西元六四五年）作為被選拔的十二名大德之一，參與玄奘法師的佛經翻譯。神昉分別擔任過筆受、綴文、證義等職，《本事經》七卷是永徽元年（西元六五〇年）九月在大慈恩寺譯經院由玄奘法師主持翻譯的，他擔任筆受。西元六五一年，在玄奘翻譯《大乘大集地藏十輪經》十卷時也是擔任筆受；在《阿毗達磨大毗婆沙論》翻譯中也是筆受。龍朔三年（西元六六三年）參與了《大般若經》六百卷的翻譯，神昉擔任綴文。

義相不是沒有想過進入玄奘的譯經團隊；不過，他雖然有很好的漢文功底，卻還達不到譯經所需要的水平，不能參與翻譯佛經的重任。所以，義相只好打消了跟隨玄奘學習的念頭。

白天，他在西明寺跟隨其他外國僧眾學習大唐的相關禮儀以及佛教的教理，隔三差五也會去長安城內其他各大寺院參訪聽講。晚上，因為宵禁的原因，不能走出寺門；但他與其他僧人品嘗香茗，高談闊論，從月出東山，到月輪西沉，仍興致勃勃，毫無倦意。在當時，飲茶是僧人日常生活中不可缺少的部分；寺院裡專設有茶堂，對內供僧討論佛理，對外招待施主賓客品嘗清茶。

總之，義相每天的生活忙碌而又充實。「居長安，大不易！」是說生活在長安不容易；因為，長安的衣食住行各種費用，是很大一筆開銷。唐代的官員俸祿一般由祿米、人力、職田、月雜給、常規實物待遇和特殊實物待遇幾部分組成；遇有特殊情況，還有賞賜。一般官吏每三年考核一次，業績突出者可加俸祿，反之則減扣。

由於唐朝官員的俸祿內容繁複，在此不一一列舉，僅計算其中俸錢、俸料、職田以及僕役。其中，職田收入主要靠官員自己定的租稅決定收入高低。

在此以唐朝政府規定的稅收額度計算，即每畝一石（約為今日一百零八斤）。唐代十斗為一石，一石米賣五十文錢，一千文錢（又稱一貫）等於一兩白銀。以大米價格來換算，唐貞觀年間的一兩銀子大約相當於今天的七百美元。

唐太宗貞觀年間的官員收入可參見下表：

在長安生活一年需要多少銀子呢？讓我們計算一下唐代普通人家一年採購糧食的花費是多少。

首先，設定一個體重五十公斤的

	俸錢（兩/年）	俸料（石）	職田（畝）	僕役（兩/年）	收入（兩/年）
一品	81.6	650	1200	240	431.5≈30萬$
二品	72	470	1000	180	339≈23.7萬$
三品	61.2	370	900	120	254≈17.8萬$
四品	50.4	280	700	79.3	185.3≈12.9萬$
五品	43.2	180	600	60	147.5≈10.3萬$
六品	28.8	95	400	26.4	82.3≈5.7萬$
七品	25.2	75	350	19.2	67.8≈4.7萬$
八品	19.2	64.5	250	7.5	43.8≈3萬$
九品	15.6	54.5	200	5	34≈2.3萬$

女性一天所食用的糧食大約在兩百克左右，同體重的男性大約是四百克左右。按照一家四口兩男兩女計算，一天大約食用一千二百克，一年就是四百三十八公斤，差不多是八石，價值四百文，還不到一兩；如果加上買菜，以及偶爾改善生活，一年至少需要一兩。普通種地的老百姓，一年所能掙到的也就這麼多。可見，對於一般的百姓，生活在長安未必是個很好的選擇。

不過，對於入唐留學生和求法僧，新羅政府每年會提供一定的生活費用，以十年為限，留學生一年約三十兩銀，求法僧一年約十兩銀。義相的住處由鴻臚寺安排，生活費由新羅提供；這麼一算，他在長安的生活可以說沒有大問題。在外求學，無衣食住行之憂，還有何難！

居住在西明寺的義相可說衣食無憂，但他依然保持生活節儉；出門見有困難之人，經常慷慨解囊。他認為，衣食住行能維持身體健康就足夠了。吃是「應量」，應自己的食量；使用的東西也是應量，幾件衣服夠穿就好，不必囤積，生活所需只要幾樣就足夠；但是，心若沒有控制好，欲門一開，惡念一生，貪就無止境。如果吃得不簡單，穿得不樸素，超越修行者的界限，就不對了，這是心不調。修行是要調心，每天能過得去就好。

《宋高僧傳》中記載，義相隨身只有三衣和瓶鉢；由此可知，作為修行者，他個人的生活相當素樸。義相的持戒清淨，應該是深受其剃度恩師慈藏的影響；因為，慈藏對於律學多有鑽研，在新羅為僧俗授戒，並且建立了戒壇。

就這樣，一晃幾個月過去了。義相在寺院中除了學習佛教的教理，還學習大唐的地理人文，當然還有強化他的漢文。在熟悉了周圍環境之後，空閒時他還經常到長安各大寺院參訪，比如慈恩寺、青龍寺、興善寺等，或聽經問法，或參與法會，不錯過每一個可以學習的機會，不浪費每一分鐘。

華嚴圓教

冬去春來，草長鶯飛，大地一片生機勃勃。

每至東風送暖、萬物復甦、姹紫嫣紅之際，憋屈了一冬的唐人們此時就會春懷滿襟，嚮往戶外明媚驕陽下的無邊春色。正所謂「最是一年春好處，絕勝煙柳滿皇都。」唐長安號稱八水環繞，南靠秦嶺，北鄰渭河；到了春天，自然是不缺踏青的去處，豈能辜負？趕緊春游踏青，投身春天的懷抱。

春日踏青遊賞，是傳統悠久的節令習俗。早在周朝之時，人們會便在初春時節來到水邊，「以香熏草藥沐浴」。這種活動稱為「祓禊」，意即驅除病氣、潔淨身體，這原本是一種祭禮行為。同時，人們也會在水畔領略光景、游娛玩賞，並由此而形成了上巳節的習俗。

漢代以後，上巳節固定在三月三日，此日人們到水畔踏青遊玩，是相當普遍的風尚。進入唐代，國勢強盛，春遊踏青，更成為唐人娛樂生活中的慣常之舉。從初唐開始，此風漸熾，至開元、天寶年間益發鬱然鼎興。

上巳節當天，義相也應西明寺智證法師之約，一同南下少陵原踏青，體驗這一大唐的風俗，並順便到附近的華嚴寺參拜杜順和尚肉身塔。沒想到，正是這次出行，促成了他日後前往終南山跟隨智儼學習華嚴的因緣。

一路上，智證向義相講述了華嚴寺的由來。原來，在二十一年前，即貞觀十四年（西元六四〇年）十一月十五日，杜順和尚預知時至，告囑弟子要把他生前所行的法，傳承實行下去；說完，於義善寺禪定中示寂，享年八十四歲。

「在大師臨終時，有雙鳥飛入房中，悲慟哀叫，久久不肯離去。他圓寂後肉身不壞，並且散發出清香。這個事情，長安城內是無人不知，無人不曉。弟子們將大師的軀骸裝入石龕保存，葬在樊川。十六年前（貞觀十九年，西元六四五年）在其肉身塔處建起了華嚴寺。」

聽完智證一番話，義相心中充滿了崇敬和莫名的激動，恨不得馬上就到塔前參拜。他對同伴說道：「十六年前我二十一歲，剛出家不到一年。那時在新羅只是聽說大唐高僧奇人無數，今日聽君所言，果不其然。」

智證繼續說道：「你知道嗎？這杜順和尚雖是禪師，但以華嚴為業。他在義善寺弘法時，尊《華嚴經》為最高經典。所以，華嚴寺裡經常舉辦華嚴法會，延續杜順志願，每每人滿為患。哦，對了，杜順和尚弟子中最有成就的一位叫做智儼，現住在終南山至相寺弘法度眾。」

一般而言，華嚴宗有五代祖師：初祖杜順和尚，二祖智儼大師，三祖法藏大師，四祖清涼澄觀大師，五祖宗密大師。其實，華嚴宗的實際創始者是法藏法師，但杜順、智儼等高僧也是功不可沒。

義相入唐求法之時，華嚴宗這一宗派還並未出現，針對《華嚴經》的演習也主要以杜順、智儼等終南山至相寺僧人為主。尤其是杜順和尚，他從《華嚴經》的思想發展出法界緣起、十玄、四法界、六相圓融的學說，發揮「事事無礙」的理論，還留下了《華嚴五教止觀》等著述，為華嚴宗判教及法界觀奠定了基礎。

說話間，義相與智證兩人來到了少陵原附近，遠遠就看到了華嚴寺裡高高聳立的杜順塔，風吹鈴動，五音縹緲。走進寺裡，華嚴寺住持寬昌法師聽說義相從新羅而來，迎入客堂，主賓落座，少不了一番寒暄。

寬昌法師對義相說道：「本寺秉持杜順大師遺願，逢初一，十五開壇宣講《華嚴經》，歡迎賢者有空來聽。」

「請問《華嚴經》說的是什麼？」義相向寬昌請教。

「這《華嚴經》是釋迦佛初成佛道後宣說的，釋迦佛成佛道時說：奇哉！奇哉！一切大地眾生皆具如來智慧德相。《華嚴經》說的，就是佛眼中的一切眾生自性皆與佛同，從凡到聖，實相的狀態皆是光明、皆是寶藏、皆是清淨涅槃。《華嚴經》裡出現最多的一句話：『若人欲了知，三世一切佛；應觀法界性，一切唯心造。』」住持回答道。

一句「一切唯心造」讓義相猶如當頭棒喝，閉目沉思許久。

之後，在住持的帶領下，義相參拜了杜順和尚塔，然後和同伴返回長安；他一路上默不出聲，不停地思考著這句話。智證只當他是累了，也就沒去打擾。

那日之後，義相逢初一、十五，就來聽經聞法。越聽越覺得，華嚴不可思議。正所謂，「不讀華嚴，不知佛教之富貴」。說「華嚴富貴」，主要是說人能夠瞭解自己的心如同佛的心，是福慧兩足的心。《華嚴經》提醒我們，眾生受大苦惱、久病無醫、貧窮枯露、橫禍重出，學佛之人應盡力幫助，而且不生退轉之心，無有疲厭地幫助大眾，成就他人，成就自己。

幾次聽講華嚴之後，義相對《華嚴經》產生了濃厚的興趣。只是，華嚴寺的講經多以平直淺顯的道理說為僧俗大眾聽，這就讓他總覺得意猶未盡；心中暗想，若要深入學習和瞭解，就只能進終南山至相寺拜見智儼大師了。

義相知道，自己一直苦苦尋找的目標，終於找到了！於是，義相就開始為前往終南山至相寺做準備。他的行李本來就不多，除了三衣一鉢，多是一些佛經和讀書筆記；幸好，多餘的東西可以寄存在西明寺。

萬事俱備，只待鴻臚寺的許可，就可南行。前面說過，鴻臚寺主管外國僧人在唐的相關事務；像這種入山尋師的大事，得上報鴻臚寺，備案登記之後才能啟程前往。

至相智儼

話說，龍朔二年（西元六六二年）五月的一天。

義相辭別西明寺眾人，離開了長安城，獨自前往長安城南六十多里的終南山楩梓谷。

終南山，又名太乙山、地肺山、中南山、周南山，簡稱南山，位於今陝西省境內秦嶺山脈中段，古城長安之南，是重要的地理標誌。終南山號稱「天下第一福地」，自古至今都讓修行人神往，是什麼原因呢？

終南山為世人所矚目有一個重要的原因，就是它的「隱士文化」。終南山自古就有隱逸的傳統，是道教的發祥地之一；傳說，今天樓觀臺的說經臺就是當年老子講經之處。

此外，終南山還是中國佛教諸多宗派的祖庭所在。阿育王時代，佛舍利進入關中地區，代表著佛教三寶中的「佛」。西元前二年，大月氏國的使者伊存來到長安，向漢朝的博士弟子景盧口授《浮屠經》，代表著「法」的傳入。西元一世紀，天竺「僧」牽著白馬馱經來到中國，從此三寶具足。其中，前兩次事件都發生在終南山下。

終南祖庭

終南山山水如畫，深谷大川縱橫、佛寺眾多。中國佛教的宗派共有六宗的祖庭或中心寺院是在終南山一帶，終南山可謂是它們的發祥地。這六宗的祖庭或中心寺院如下：

一、草堂寺，三論宗祖庭

在戶縣境內終南山北麓的圭峰腳下。始建於西晉，姚秦時稱為「大寺」。弘始三年（西元四〇一年）至十三年（西元四一三年），龜茲高僧鳩摩羅什應秦主姚興之請，在逍遙園「大寺」建立中國第一個國立譯經場，譯出經律論三藏經典。由於本宗依「三論」而立宗，推鳩摩羅什為本宗初祖，大寺也便成了該宗的祖庭。

魏周之際，大寺分為草堂、常住、京兆王寺、大乘等四寺，獨草堂寺存留今。

二、淨業寺，律宗祖庭

位於終南山北麓灃峪口內柳林坪（昔名清官村）後庵山上，始建於隋末。唐初，道宣律師常住此寺，潛心研習弘揚律學。麟德二年（西元六六五年），奉詔於此寺內創設戒壇授戒。因此寺地處南山，故道宣律師依《四分律》而創立的律宗亦稱「南山宗」。

師寂後，門徒於寺後峰起舍利塔供養，今寺後石崖間仍有其靜修遺址。寺東南又有唐代詩人白居易衣冠塚。

三、百塔寺，三階教祖庭

位於終南山天子峪至烏鳴塢。開皇十四年（西元五九四年），三階教創始人信行和尚入寂後葬於此，因成塔院。後代僧人慕其德行，死後亦多建塔於此。唐大曆六年（西元七七一年），正式更名百塔寺，宋以後稱興教院。明代秦藩重修，國初尚存殘破磚城、北門城樓、照壁，殘垣內有三所寺院，各有堂殿、僧舍，殘垣西北方有一座方形十三層磚塔；東南方有舍利塔數十座。由此尚可見出當年院宇的規模。百塔寺今為一小院，尚有香火。

信行所創立的三階教由於執著「末法」思想，與封建統治階級的欲望產生矛盾，先後於隋開皇末年、武后聖曆二年（西元六九九年）、玄宗開元十三年（西元七二五年）被敕禁或限制；但從若多僧人慕名隨葬的情況看，它在佛教徒中的地位還是相當高的。

作為三階教在隋代長安城中的五所寺院即化度寺、光明寺、慈門寺、慧日寺和弘善寺早已無存，百塔寺因此而更具歷史價值。

四、香積寺，淨土宗祖庭

位於終南山北子午峪口外數里處。據〈隆禪法師碑〉載，唐永隆二年（西元六八一年），淨土宗的創始者善導和尚入寂，弟子懷惲為其崇靈塔於神禾原。「其地前終（南山）峰之南鎮，後帝城之北里」。「歌鐘沸出，移上界於陰門；泉流激灑，比連河於陽面」。又於塔側「廣構伽藍，莫不堂殿崢嶸，遠模忉利；樓臺岌山業，直寫祇園」。環境清幽，寺宇雅致。王維有詩云：「不知香積寺，數里入雲峰；古木無人徑，深山何處鐘？泉聲咽危石，日色冷青松；薄霧空潭曲，安禪制毒龍。」

寺院建成後，不僅成了淨土宗祖師的塔院，而且成了弘揚淨土宗的中心道場，懷惲、淨業相繼充任寺主，繼續弘揚淨土教義。由於善導正式創立了淨土宗，香積寺也因此成為本宗的祖庭。

五、大慈恩寺，法相唯識宗祖庭

大慈恩寺是世界聞名的佛教寺院，唐代長安的四大譯經場之一，也是中國佛教法相唯識宗的祖庭，迄今已歷一千三百五十餘年。地處長安城南、終南山北，創建於唐太宗貞觀二十二年（西元六四八年），是太子李治為了追念他的母親文德皇后而建。大慈恩寺是唐長安城內最著名、最宏麗的佛寺，玄奘法師曾在這裡主持佛經譯場。

六、至相寺，華嚴祖庭

據《續高僧．普安傳》載，周武滅法時（北周武帝建德三年，西元五七四年）京城長安名僧釋普安栖隱於終南山梗梓谷西坡「深林自庇，廓居世表，潔操泉石，連跡魚禽」繼又「引淵法師同上林野，披釋幽奧，資承玄理。」法難將起時，京邑名僧靜藹曾赴京進奏，竭力抗諫終不聽納，由是「天地既閉，像教斯蒙；國令嚴禁，不許逃難」，靜藹知法難終不可免，遂率三十難僧逃避終南「投骸未委」；普安引眾僧至西坡，安置於「幽密處所」，普安自己則身居顯露處，不懼嚴誅，每日乞索，供給逃僧衣食。眾僧得以修業無廢，協普安並肩「更開其所住」；或說在終南山「東西建寺二十七所」，此乃至相寺前身。隋立，佛法重興，逃難僧復應詔出家，後多還住京寺，唯普安與靜淵仍堅守山舍。未久，靜淵東出潼關，投相州靈裕禪師處問法。至開皇八年，普安亦奉詔入京，留住京寺。靜淵復「屏跡終南，置寺結徒，分時程業，三輔令達歸者充焉。」至此，至相寺才正式創立命名。

隋文帝開皇初年，由靜淵禪師始建，開皇十一年（西元五九一年），年逾七十四歲的靈裕禪師奉詔入長安，居興善寺。隋文帝楊堅厚禮待之，欲立裕為國師，靈裕數辭方免。此間靈裕「凡有間隙，徑投淵寺，欣暢意得」，繼又「以帝之信施、為移山路。」

初創之至相寺本居窄隘，兼近川谷，將延法眾，為未日經遠，靈裕親卜西南坡阜，是稱福地，非唯山眾相續，亦使供擬無虧，淵即聽從還往。故至相寺終於高踞於梗梓谷西南高阜上，坐西向東，長養在「終南正脈」的「福地」中，近一千五百餘載。

至相寺自建立之日便以弘揚《華嚴經》為宗旨，普安出家，拜靜藹為師。「通明三藏，常樂《華嚴》」，把一生的功德都歸功於《華嚴》。靜淵本人亦是「自《華嚴》、《地持》、《涅槃》、《十地》皆一聞無遺，歷耳便講。」靜淵之師靈裕也以專業《華嚴》、《涅槃》，《地論》、《律部》等經而聞名，而且曾撰《華嚴指歸》及《疏》合九卷。至隋大業中（西元六〇五至六一七年），靜淵已是至相寺中「解行相高，京城推仰」的一代高僧大德。有智正法師慕而往投，「道味江湖、不期而會」，同住達二十八年之久。智正所研習、講說的亦是《華嚴》學，並制有《華嚴疏》十卷。

正是靜淵，智正努力發揚《華嚴》學經教之時，杜順和尚及其弟子智儼也來到至相寺，並加入了修習、弘揚《華嚴》學的行列。期間，智儼在寺內從智正修習《華嚴經》，得益匪淺。順儼師徒會總修習心要，著書立論，把《華嚴》學提高到了一個新的境界，並因此被後人推為華嚴宗的初祖、二祖。

至相寺當時不但在本土譽響中天，且與海東佛教亦至為密切。龍朔二年至咸亨元年（西元六六二至六七〇年），義相在此學習，之後返回新羅成為海東佛教十聖之一。乾封三年（西元六八六年）復有寶壤到至相寺參學，如意元年（西元六九二年）後不久，又有勝詮、孝忠二僧也於至相寺修習，其中勝詮受三祖法藏之托，捎回賢首書一封，撰述數種詣義給義相法師；孝忠則受義相所托，攜金贈賢首法藏。

長慶（西元八二一年至八二四年）初，新羅無染禪師亦入唐，投至相寺聽講《華嚴》；只是，後來在一位無名老僧的啟發下，遂棄經教而從心學。

華嚴宗的初祖杜順（法順）、二祖智儼、三祖賢首國師法藏都曾在這裡研習、弘揚《華嚴經》義。後人只是因為法順寂後葬於樊川北之少陵原華嚴寺才稱此為祖庭，這其實是不甚確切，真正的祖庭應當是至相寺；或者兩寺都可稱為祖庭，只是功用不同。

且說，義相從山下沿著崎嶇的山路向上攀爬，將近兩個時辰之後，終於來到至相寺大門前。

有道是無巧不成書。就在前一日，智儼大師晚上做了一個夢。夢中，見到一大樹聳立在海東，枝葉繁茂，蔭護神州。遠遠望去，樹上有一個鳳巢，裡面似乎有什麼東西在閃閃發光。於是智儼登而視之，結果發現裡面竟然有一顆明亮的摩尼寶珠，正是它發出了耀眼的光芒，讓人不由得贊歎。

智儼醒來後知道這是祥瑞之兆，看來今天將有海東貴客登門。於是，讓寺內眾人灑掃庭院，等待貴客的到來。

此時已是初夏，一路攀爬，汗水早就浸溼了義相的衣衫。山風清涼，義相在寺門前，稍作休息，一邊擦著額頭的汗水，一邊打量寺院的環境。但見日頭已經偏西，四周山色蒼翠如黛，寺前兩棵高大的珙桐上如絹白花開得正旺。

寺中空蕩蕩的，不見什麼香客。義相步入寺中，先往大雄寶殿，只見法案兩側各有一個小沙彌依靠著在打瞌睡。義相輕輕咳了一聲，兩個小沙彌聽到聲音，趕緊打起精神，整理衣裝。

接著，義相敬了三炷香，然後五體投地，禮拜佛像。兩個小沙彌站在法案之側，在義相敬香禮佛時為之敲動鐘磬。完成這一儀式後，義相問小沙彌：

「後學義相，來自海東新羅。專為拜訪智儼大師而來，不知可否通告大師一聲呢？」

「什麼？海東！」法案東側微胖的小沙彌失聲喊了出來。

「噓……」西側的小沙彌趕緊制止了他，兩人對視一眼，面露喜色。心想：「可算是等到你了！」

義相不知道是怎麼回事，一頭霧水地看著兩個小沙彌。原來，在今天午齋時，兩個小傢伙剛填飽了肚子，正想去後山樹林裡撒歡，不想卻被智儼和尚叫到面前，囑咐他倆，下午會有一個從海東來的人找他，人來之後帶去方丈室見他。於是，一個下午，兩個小沙彌在大殿裡是左等右等，瞌睡都半天了，終於等到了義相，他倆終於可以收工了！

「在方丈室裡等著您呢！」西側的小沙彌答道。

聽聞此言，義相心中不由疑惑，對小沙彌說道：「等我？難不成大師知道我要來？」

「嗯，師父只說是海東來客，倒沒說是何人。」東側的小沙彌回答道。

「煩請小師父通報法師一聲，就說海東新羅義相見。」

小沙彌跑進去即刻又回來，說道：「我家師父請您過去。」

義相跟著小沙彌走出大雄寶殿，沿著寺內的小徑走到了寺院後方一個偏僻的所在，這裡正是智儼的寓所。來到虛掩的房門前，義相止步，再次整理衣裝，然後請小沙彌代為引見。

義相走進方丈室，只見當中的藤椅上坐了一個身穿青色長袍、披著紫絹袈裟、鬚眉皆白的老者；他臉頰瘦削，雙目炯炯有神，彷彿一眼就能看透人的內心。義相暗暗稱奇，這等山高水遠之地，竟有如此超凡拔俗的高蹈之士，心中不由激動。雙手合十，一個長揖，說道：「拜見大師！」人就跪了下去。

「法師請起。」智儼說道，聲音雖不大卻脆如銅磬。小沙彌給義相搬過椅子，沏過茶後退了出去。

義相落座後，恭敬地看著智儼，心中還在想著怎麼開口拜師呢！耳邊只聽得智儼說道：「我昨晚夢到海東有貴客，看來就是你了！」聽到這裡，義相按下心頭的激動，趕忙跪下，表示願隨法師演習《華嚴》；智儼和尚點頭微笑，把義相收入門下。

正所謂，儼逢郢質，探賾索隱，鈎深致遠，兩人的相遇成就了中國華嚴宗歷史上一段佳話。自此，義相就在智儼門下開始了他全新的學習。

專攻《華嚴》

智儼（西元六〇二至六六八年），被尊為華嚴宗二祖。天水（今屬甘肅）人，俗家姓趙。生於隋文帝仁壽二年，其父趙景，曾任申州（今河南信陽）錄事參軍。

智儼十二歲時，杜順和尚向他的父母要求，能否將智儼給他作弟子，據説趙景夫婦欣然同意。於是，杜順就帶走了智儼，交給另外一名弟子達法師代為教誨。時有二梵僧來華，智儼曾向他們學習梵文。十四歲，正式剃度為沙彌。

其時，唐朝的政權建立還不久，有些地區尚有戰事，智儼就去北方從慧光的弟子法常學習《攝大乘論》；幾年之後，成績卓著。年二十，受具足戒，到處參學，訪求名師，遍學《四分律》、《八犍度論》、《成實論》、《十地經論》、《地持經》和《涅槃經》等。

智儼透過親身經歷，感到法海無邊、典籍浩瀚，而且宗派又多，想都學是不可能的。於是，他在《大藏經》前立下誓願：從《藏經》中探取得什麼經典，就以其為重點作研究。這樣他就隨手探取，結果探得《華嚴經》第一卷，便決定研究《華嚴》。

智儼下定決心之後，聞智正在至相寺講《華嚴經》，他便前往聽講一年多，但他心有疑難，有待解決。如是，他就以《華嚴經》為中心，遍覽群籍，尋求《華嚴》章疏；他發現了北魏名僧慧光的《華嚴經疏》，讀後對其中「別教一乘、無盡緣起」義感到興趣，並有所悟解。

後來有人告訴他，若要深入一乘，必須先理解該經中的「六相」義。所謂六相，就是諸法的總相、別相、同相、異相、成相、壞相。凡夫看諸法事相各各隔礙，一一法不具備面所說的六相；若就聖眼所見諸法體性而言，則於一一事相皆見此六相圓融。因為六相圓融，所以諸法就是一真法界的無盡緣起。這是智儼研究六相之後所證悟的道理。

當時的智儼，年僅二十七歲，因為他有證悟，就開始從事華嚴學說方面的著述，時人稱他為「華嚴尊者」；又因為他住過至相寺，稱他為「至相大師」。唐高宗總章元年（西元六六八年）卒，終年六十七歲。

智儼博學多識，他既講《攝大乘論》，也受過《地論》師領袖人物慧光的影響，但他在繼承師傳的法統上，仍尊法順為師，著重研究《華嚴》學說。他著述很多，據《華嚴經傳記》說智儼有經、論義疏二十餘部，章句簡略，解釋新奇。但大多數已佚失。現在還存在的有：《大方廣佛華嚴經救玄分齊通智才軌》（簡稱《華嚴經搜玄記》）十卷、《華嚴一乘十玄門》一卷、《華嚴五十要問答》二卷、《華嚴經內章門等雜孔目章》（簡稱《華嚴孔目章》）四卷、《金剛般若波羅蜜經略疏》二卷。

智儼上述五部著述中，有四部是有關華嚴的著作，其中《華嚴經搜玄記》講的是《華嚴經》的教相和觀行方軌，《華嚴孔目章》講《華嚴經》大綱，《華嚴五十要問答》解釋《華嚴經》的主要教義，《華嚴一乘十玄門》則是根據《華嚴經》的內容建立十玄緣起新說。

智儼時尚未明確成立宗派，到後來的法藏才完成建立宗派的任務；然而，華嚴宗的教相與觀行是智儼時代形成的，因此他被尊為華嚴宗二祖。

關於智儼的學術思想，不單純是一師相承，而是來自各個方面。他的剃度師杜順和尚，是早期研究華嚴的大家；他從師受教，理所當然。後來，他又聽智正講《華嚴經》一年多，因有疑難，找到了慧光的《華嚴經疏》，其中別教一乘、無盡緣起和六相的理論，促成了他自己的華嚴思想體系，尤其是「十玄緣起」之說，是他的主要思想。

他的十玄緣起又稱「十玄門」，其名稱和次第如下：（一）同時具足相應門；（二）因陀羅網境界門；（三）祕密隱顯俱成門；（四）微細相容安立門；（五）十世隔法異成門；（六）諸藏純雜具德門；（七）一多相應不同門；（八）諸法相即自在門；（九）唯心回轉善成門；（十）托事顯法生解門。

智儼為了全面闡述華嚴法界緣起義，建立上述十玄門。門雖有十，但彼此互相融攝；也就是說，每一門都融攝其餘九門，即所謂一攝一切，一切攝一，周遍法界，圓融無礙。這就是華嚴十玄門的幽旨所在，是智儼對華嚴學說的巨大貢獻。

而智儼門下有兩位高徒，分別是法藏和義相。智儼將法藏比之如「義龍」，「喜得傳燈之人」。經過十年的修習，法藏在智儼《搜玄記》的基礎上撰成《探玄記》等著作，將圓教的「十玄妙旨」、「十義圓科」，闡釋精徹細微，確立了華嚴宗的思想體系，為華嚴學的傳播和發展奠定了堅實的基礎。

義相在智儼門下學習也頗有成績，所謂「受業若翻瓴水」，「傳宗如走坡丸」，「有滯必通，無幽不測，華嚴妙旨，剖析入微」。歸國前撰有《華嚴一乘法界圖》，歸國後先後弘揚智儼學說，被推為海東華嚴初祖。

賢首法藏

當時與義相一起在至相寺跟隨智儼學習華嚴的弟子中，除了出家人以外還有一位居士，他就是日後被譽為華嚴三祖的賢首國師——法藏。

賢首法藏（西元六四三至七一二年），俗姓康，本是西域康居國人，他祖父僑居長安，因而以康為姓。

祖籍康居

康居國「去長安萬二千里」，西漢時臣服於匈奴和大月氏。東漢時期，康居國是西域大國，領地廣袤，人口眾多。南北朝時期，嚈噠勢力崛起，康居相對衰弱；嚈噠人西遷後，康居國就不復存在了。

史書上說，康居國，本是月氏人，「舊居祁連山北昭武城，故康居左右諸國並以昭武為姓，示不忘本也。」這就是月氏人從河西走廊西遷的事實。康居國又稱「悉萬斤」，即撒馬爾罕，出於索格狄亞那的中心地區。在貴霜帝國強盛期，這些地區的統治者大部分都是昭武族的大月氏人。

康居國近五百年的歷史上，由於古漢字記載西域康居國的史料非常少，亦缺乏對西域粟特文史料研究，我們甚至不知道康居國的君王叫什麼名字？然而，他們是曾經割下古波斯王居魯士頭顱、令波斯王大流士遠征慘敗、令亞歷山大大帝被迫穿上中亞服飾並採用懷柔政策的中亞尚武民族，亦是曾經壟斷古絲綢之路中間商貿易的善賈民族！這個中亞文明古國，為東西方文明的交融和促進作出了不可磨滅的重要貢獻，給當今社會留下了寶貴的文化遺產。

法藏出生於唐太宗貞觀十七年（西元六四三年）。據說，其母夢吞日光而孕，繼而生下了他。法藏的高祖父和曾祖父相繼為康居國宰相，祖父時遷移長安，成為大唐僑民。父親名謐，曾擔任唐太宗時的左侍中官職。

法藏從小就智能絕倫，喜愛佛教，十六歲時在岐州法門寺的舍利塔前，燃指奉養諸佛，並發誓成就佛道。十七歲入太白山求法，讀遍各類佛教典籍，後因母親生病便下山返家，後聽說智儼和尚正在雲華寺講《華嚴經》，於是就去聽講，為智儼所贊賞，從此列為門徒，前後數年，深深領會智儼的華嚴妙旨。

高宗總章元年（西元六六八年），法藏年二十六歲，還未出家。智儼和尚圓寂時留下遺言說：「法藏用意華嚴，可紹隆大法，應使出家。」把他付托於弟子道成、薄塵，說他將要紹隆遺法，煩勞日後安排法藏出家剃度之事，以承繼華嚴大業。

武后賜號「賢首」

二年後的唐高宗咸亨元年（公元六七〇年），武則天因其生母去世，欲替亡母做善事，便捐出宅院為太原寺，並接受道成、薄塵等人聯袂推薦，讓二十八歲的法藏奉敕在太原寺出家，受沙彌戒，擔任太原寺住持。爾後，便在雲華寺與太原寺講演《華嚴經》，聲名遠播。同年，武后下令京城十大高僧為法藏授具足戒，並賜號「賢首」。自此，法藏廣事講說和著述，同時應武則天之召請，隨時入王宮內道場講經說法，並積極參與譯經事業和其他弘法活動。

法藏終生崇奉《華嚴經》，以闡揚華嚴教義為職志，一生翻譯經典眾多，尤以研究翻譯《華嚴經》貢獻最大。鑑於當時晉譯《華嚴經》（世稱「六十華嚴」）不全，在〈入法界品〉中存有缺文，因此他深切盼望能得到《華嚴經》全本。永隆元年（西元六八〇年），中印度沙門地婆呵羅（Divākara，西元六一三至六八七年）賫持梵本來到長安，法藏與他詳加校勘，果然尋獲兩段缺文，於是禮請地婆呵羅譯出補上，即《大方廣佛華嚴經》的〈入法界品〉。

武后天授二年（西元六九〇年），于闐沙門提雲般若（意譯「雲無智」）在魏國東寺譯經，他也列席譯場，提雲般若譯出《大乘法界無差別論》，他特為作疏，發揮新義。

武則天派遣使者到于闐求取《華嚴經》梵本，並於證聖元年（西元六九五年）請于闐沙門實叉難陀在洛陽大遍空寺重譯《華嚴經》，法藏奉命擔任筆受（負責記下譯文），前後共五年，到聖曆二年（西元六九九年）才翻譯完成，即八十卷的新譯本《華嚴經》，世稱「八十華嚴」或唐譯本，雖然增加「如來現相」、「普賢三昧」、「華嚴世界」、「十定」等品（計有九千偈），卻脫漏當年地婆呵羅所補譯的兩處經文，於是法藏將之補上，並將晉、唐兩個譯本和梵本仔細對勘，從而使得新譯《華嚴經》文通義順，更加完善。

重新翻譯的《華嚴經》告成後，武後詔令法藏在洛陽佛授記寺宣講。《宋高僧傳》等說他嘗為武后講新《華嚴經》，講到天帝網義十重玄門、海印三昧門、六相和合義門、普眼境界門等。武后驟聽之下，茫然不解。他於是指殿隅金獅子作譬喻，講到一一毛頭各有金獅子，一一毛頭獅子同時頓入一毛中，一一毛中皆有無邊獅子，重重無盡，武后於是豁然領解。因而把當時所說集錄成文，稱為《金獅子章》。

又為不瞭解剎海涉入重重無盡義的學者，拿十面鏡子安排在八方（四方四角），又在上下各安排一面，相去一丈餘，面面相對，中間安置一尊佛像，然後燃燒一支火炬相照，令互影交光，使學者通曉剎海涉入重重無盡的義旨。

長安三年（西元七〇三年），義淨等華梵十四人，先後在洛陽福先寺及長安西明寺，共同翻譯《金光明最勝王經》等二十一部，法藏奉詔證義。

三十餘年間，法藏日以繼夜參與佛經翻譯工作，對《華嚴經》的翻譯與補漏尤其深具貢獻，可說是唐代重要的佛經翻譯者。

唐玄宗先天元年（西元七一二年）十一月十四日，於長安大薦福寺逝世，世壽七十，臘四十三，敕謚「賢首大師」。祕書少監閻朝隱為作碑文，概略地陳述他一生行化的事蹟，這就是現存的「大唐大薦福寺故大德康藏法師之碑」。智儼所創教相和觀行的新說，得到法藏詳盡的發揮，方使華嚴一宗的教觀建立周備，所以才說法藏是華嚴宗的實際創立者。

五帝門師

法藏一生著述約一百餘卷之多，有關《華嚴經》的論著，就將近二十種。現存的有：

《華嚴經探玄記》二十卷

《華嚴經文義綱目》一卷

《華嚴一乘教義分齊章》（略稱《華嚴教義章》，又稱《華嚴五教章》）四卷

《華嚴經旨歸》一卷

《華嚴策林》一卷

《華嚴經問答》二卷

《華嚴經明法品內立三寶章》（《十世》、《玄義》等章同卷）二卷

《華嚴經義海百門》一卷

《修華嚴奧旨妄盡還源觀》一卷

《華嚴游心法界記》一卷

《華嚴三昧章》一卷

《華嚴經普賢觀行法門》一卷

《華嚴經關脉義記》一卷

《華嚴金獅子章》一卷

《華嚴經傳記》五卷

已佚的有《新華嚴經序注》一卷，《新華嚴經略疏》十二卷等近二十種。

《探玄記》是舊譯《華嚴經》的疏釋。他晚年作新譯《華嚴經》的略疏，未成全書，遽告入滅。此外，他的一般著述，現存的有《般若波羅蜜多心經略疏》、

《入楞伽心玄義》等近十種，還有已佚的《法華經疏》等幾種。

身為華嚴宗的繼承者，法藏除傳承智儼和尚的思想外，又融和吸收當時新興的天台宗和唯識宗的理論學說，創立華嚴宗，並將佛教各類思想體系分類為五教十宗，推崇華嚴之義理組織乃為最究竟的佛法學說，站在圓融無礙的根本立場上，作創造性的解釋和發揮，從而建構以「法界緣起」為主要特徵的華嚴宗思想體系。他一生致力於《華嚴經》的譯本增修與義理教學的弘傳使命，共宣講此經三十餘遍；所撰述的《華嚴經探玄記》、《華嚴五教章》、《修華嚴奧旨妄盡還源觀》等，都是華嚴宗的重要著作，對於光大華嚴做出巨大的努力。

法藏試圖用邏輯的方法來貫通佛教的各家學說，把佛教理論的發展看成是一個由小到大、由始到終、由漸到頓、由偏到圓的邏輯發展過程，用華嚴教義去融會空、有兩種不同的思想，從而建立具有中國化特色的華嚴思想體系，即包含「四法界」（事法界、理法界、理事無礙法界、事事無礙法界）、「六相圓融」（總相、別相、同相、異相、成相、壞相）、「十玄門」（同時具足相應門、一多相容不同門、諸法相即自在門、因陀羅網境界門、微細相容安立門、祕密隱顯俱成門、諸藏純雜具德門、十世隔法異成門、唯心回轉善成門、托事顯法生解門）等範疇的「法界緣起」理論。

他並依據《華嚴經》立論，在「判教」（即判別或制定佛所說的各類經典的意義和地位）的基礎上，提出自己的「小、始、終、頓、圓」的五教說，即小乘教、大乘始教、大乘終教、大乘頓教、大乘圓教，把華嚴宗的理論判定為佛說法之最高、最圓滿的教義。

法藏雖貴為五帝門師（歷經高宗、武則天、中宗、睿宗和玄宗）且受朝廷禮遇甚豐，但從不傲慢也不慕榮崇，時時以戒律為處事待人之道，弘揚華嚴思想為首要之務。法藏的門下「從學如雲」，著名的弟子有宏觀、文超、智光、宗一、慧苑、慧英等六人。

從宗教傳播的角度來看，日本的情況則是通過法藏的弟子審祥法師傳入，信仰者日漸增多，終使聖武天皇在西元七四三年（天平十五年）為華嚴宗建立規模宏偉的東大寺，至今仍受到日本民眾的崇敬。

同時，法藏的華嚴思想經由他的弟子新羅勝詮帶到海東並轉交給他的同學義相法師。法藏與義相的同窗友誼，一直被傳為中朝佛教文化交流史上的一則佳話，韓國至今仍時有人前往至相寺朝祖拜聖。可以說，這是法藏對於中韓與中日之間的文化交流所做出的重大貢獻與歷史影響。

終南修道

大唐長安的佛教以關中為地域範圍，向東輻射到洛陽，向西延伸到隴東，北面到渭北高原，南面到漢中盆地，核心地區就是長安城和終南山北麓。五代之前，長安是中國的政治中心和文化中心，有十三個王朝在這裡建都；更由於絲綢之路的關係，成為當時世界最大的國際型都市。

早在秦漢時期，隨著中原與西域的商貿發展，佛教就傳入長安地區；此後，更由於絲綢之路的不斷開拓，佛教文化的輸入日益頻繁。中國的自然地貌相對封閉，對外交流以西方的絲路古道成就最大，碩果之一就是佛教文化。長安地區成為北傳系佛教傳入中國後最重要的譯傳地區，有客觀歷史的必然性。

天時、地利再加上人和，使得早期關中地區的佛教集中了當時影響最大的一些僧團，如竺法護僧團、道安僧團、鳩摩羅什僧團，領導了整個中國佛教發展的進程。隋唐時代更是高僧輩出，如開皇（隋文帝年號）三大師（那連提黎耶舍、闍那崛多、達摩笈多）、玄奘僧團、以及義淨、法藏、開元（唐玄宗年號）三大士（善無畏、金剛智、不空）、般若等，各領風騷。終南山距京城近在咫尺，梵宇琳宮，遍及山野。

在佛教傳入的同時，異地文化與本土文化的衝突也在所難免，「三武禁佛」都發生在關中，從這裡向全國擴展。北魏太武帝、北周武帝和唐武宗發動的這三次禁佛運動，促使大量僧人攜帶經像逃入終南山，從而進一步發展了終南山佛教，提升了終南山佛教的文化品格，發揮了中外佛教信徒棲隱修行之所和佛教學派、宗派策源地的作用。

以僧人的活動也可以看出，終南山於五代之前在全國佛教界的影響比較大。僅檢索《高僧傳》、《續高僧傳》和《宋高僧傳》，早期在終南山活動過的有西域的鳩摩羅什、曇摩流支、闍那崛多等，本土僧人有僧肇、道生、道融、僧睿、慧觀、曇影、慧嚴、道恆、僧略、慧睿、僧弼、曇鑑、慧安、曇無讖、僧導、僧因、僧苞、僧業、僧周、僧亮等。南梁代以後有曇相、法藏（北周隋唐間之法藏，葬雲際寺）、僧照、靜藏、法應、靜靄、普濟、普安、靜淵、玄奘、道宣、法誠、慧超、善慧、法琳、智藏、法喜、智正、淨業（悟眞寺主）、慧遠、靈潤、會通、覺朗、智洗、弘智、法順、智儼、善導、道判、慧賾、法藏（賢首國師）、澄觀、宗密、淨業（香積寺主）、懷惲、飛錫、惟政等。

唐龍朔二年（西元六六二年），義相前往終南山至相寺禮拜智儼為師，時值智儼六十歲，義相三十八歲。當時正是智儼開講華嚴、創立佛教新思潮的時期，義相受到智儼特別的禮遇。直到總章元年（西元六六八年）十月二十九日智儼六十七歲入寂時，差不多六年時間，義相一直在其門下學習華嚴。

義相入唐的大部分時間雖是在智儼的門下以學習華嚴為主，但這不並是他學習的全部。義相的求學所在至相寺地處終南山，附近佛寺眾多，高僧輩出；當時長安各種佛教宗派並存，各種思潮紛湧，可謂是佛教思想的大熔爐，宗派之間的交流、融合再自然不過。

從地理位置上看，義相所在的至相寺與信行創立的三階教塔院——百塔寺相隔不遠。當時大部分的佛教思想家都在這一地區活動，義相跟隨智儼學習華嚴時，也可以很方便地接觸到其他各種佛教思想。

當時與義相有著密切往來的是南山律宗祖師道宣律師（西元五九六至六六七年）。算起來，道宣律師比義相年長二十九歲，在義相入唐時已經六十六歲了；他在七十二歲圓寂，此時義相四十三歲。《三國遺事．前後所將舍利》記載了一則義相持戒精研、感召龍天護法庇佑的傳說：

相傳云，昔義相法師入唐到終南山至相寺智儼尊者處，鄰有宣律師常受天供，每齋時天廚送食。一日，律師請相公齋，相至坐定既久，天供過時不至，相乃空鉢而歸，天使乃至。律師問：今日何故遲？天使曰：滿洞有神兵遮擁不能得入。於是律師知相公有神衛，乃服其道勝，仍留其供具。翌日，又邀儼相二師齋，具陳其由。

天人不得入內的原因是有神兵守護，而神兵守護的原因是因為義相「道勝」，感動了護法者。常說「人和、事和、理和」，「和」的意思就是共同合為一心。修行者若能如此和合至天長地久，就是能感動天地的真護法者，能使帝釋諸天也護持正法，讓佛法竪窮三際，橫遍十方。

常說敬天愛地，為什麼要敬天愛地？因為冥冥中有天龍護法。人心調和，戒慎虔誠，就能上達菩薩諸佛，感召龍天護法庇佑。我們相信有天龍八部，更要瞭解四大調和的力量來自於人心調和。地、水、火、風四大，是天下萬物的源頭；四大若是不調，眾生就不得平安。

天下眾生不離四大，所有生物都是天生地育，共生在天地間；假如天地不調和，生靈就受災受難，不得安康。要四大調和、萬物平安，必須敬天愛地；若人人順天地、合天理，天龍八部自然就會庇護，這就是種善因、得善果。

大唐高宗總章元年（西元六六八年），七月十五日。義相呈上《華嚴一乘法界圖》，闡述了他對華嚴的理解，從而得到了智儼的認可。智儼賞識義相精於義持，於是封義相「義持」之號。

十月二十九日，智儼法師圓寂，年六十七。在智儼圓寂後，義相又繼續留在大唐學習約三年之久。期間，義相鑽研華嚴不輟，受到同門的愛戴，並繼承智儼的講主之位。

唐高宗咸亨元年，新羅文武王十年，西元六七〇年。義相入唐已滿十年，是以準備返回新羅，大興華嚴。

〈賢首國師寄海東書〉

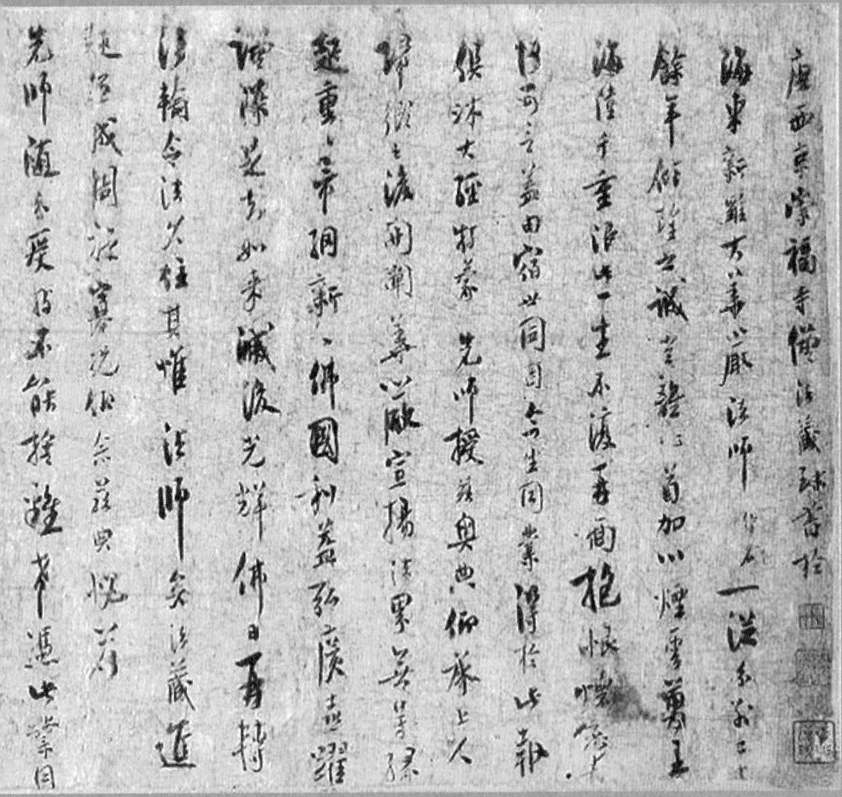

圖片出處：臺灣大華嚴寺

第四章　歸國教化　法潤海東

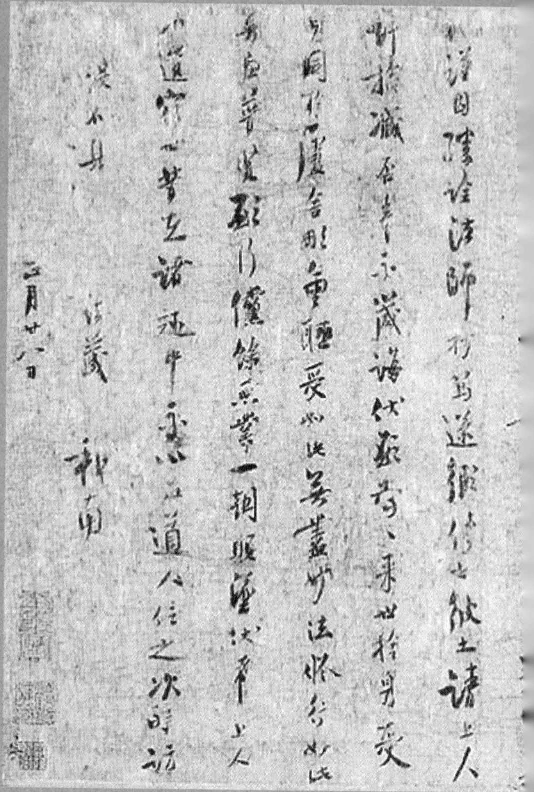

特蒙先師授茲奧典、仰承上人歸鄉之後，開闡華嚴，宣揚法界無等緣起，重重帝網，新新佛國。

學成歸國

義相登上大唐的土地是在西元六六一年，啟程返回新羅是在西元六七〇年。這十年裡，義相大部分時間都與世無爭地在終南山至相寺跟隨智儼和尚學習華嚴。

不過，天下卻並非太平。在他求學的這段時間裡，他的故鄉——新羅，與高句麗、百濟之間的戰爭進入到了白熱化階段。

事實上，早在義相入唐的頭一年，即西元六六〇年，大唐便與新羅聯合出兵，發動了對百濟的攻擊，百濟首都泗沘最終被攻陷。城破國滅之後，唐軍將領蘇定方把百濟義慈王（西元五九九至六六〇年，在位六四一至六六〇年）跟太子孝、王子隆、大臣將領九十二人、百姓一萬兩千人擄至唐，義慈王後病死洛陽，謚號紹，葬於北邙山。

但是，戰爭並未就此結束。據《新唐書．百濟傳》記載，隨著百濟王都被攻破，王公大臣被唐軍主力帶回大唐，唐軍也開始撤退。百濟舊地獲得了暫時的安寧，卻有人開始不安分了，領頭者就是百濟的遺臣鬼室福信。鬼室福信，名字看起來像是日本人，其實不是。據日本學者的說法，「鬼室」是百濟國的姓氏，日本典籍《新撰姓氏錄．右京諸蕃》記載：「因鬼神感和之義，命氏謂鬼室。」鬼室福信是百濟武王扶餘璋的從子，義慈王的從弟。

且說，這百濟都城雖然淪陷，但不是所有的百濟城池都被攻陷；比如，鬼室福信及僧侶道琛等人力守周留城，所以得以倖存。吃了敗仗，心有怨恨，想要反抗，這可以理解；但是，也要考慮彼此的實力差距。也不知道這位腦袋裡是怎麼想的，難道是看到這些年大唐一直沒能攻陷高句麗，就以為唐軍戰鬥力低下，然後天真地以為大唐這次戰勝百濟，純粹是運氣好？反正，他想要對抗唐軍，恢復百濟國；因為手下沒有多少兵力與唐軍相抗衡，於是就想著求助倭國（日本）。

《日本書紀·齊明紀》記載了鬼室福信低聲下氣、眼淚縱橫地向倭國求救，並且想要讓在倭國做質子的百濟國王第五子扶餘豐回來復國。倭國方面考慮再三，答應了鬼室福信的請求，決定派兵協助；於是，扶餘豐攜五千人的軍隊從倭國回百濟舊地，試圖反抗。

西元六六三年八月，唐朝和新羅聯軍擊敗了倭國和他支持的百濟復興勢力，史稱「白江口之戰」，百濟全境成為唐朝的羈縻地區。這場戰爭，除了導致百濟王朝的殘餘勢力被徹底消滅外，還使得大量百濟遺民無家可歸，不得不流亡到倭國；與此同時，也將他們掌握的各種工藝技術帶到了當地。

其實，早在幾個世紀前，百濟與日本就已經有過交流，諸如中原的佛教思想、漢字、制陶器技術，皆是假道於百濟國，漸漸傳入日本。白江口戰役後，百濟亡國，大量遺民湧入，把各種先進文化和技術帶到了倭國並落地生根，後又陸陸續續從九州到瀨戶內等地，建造起了許多「百濟式」新城，給當時的日本帶來巨大改變。

百濟亡後，下一個目標就是高句麗。

從西元六六一到六六二年，唐與新羅的聯軍持續進攻高句麗。雖然唐的攻擊給高句麗帶來了不小損失，但在淵蓋蘇文在世期間，唐和新羅一直都沒能擊滅高句麗，交戰雙方進入角力時期，陷入了停滯。

西元六六六年，隨著淵蓋蘇文的離世，大唐與高句麗的戰事終於迎來了轉機。這年十二月十八日，唐太宗以李勣為「遼東道行軍大總管兼安撫大使」，命他率兵十五萬攻打高句麗。這場戰事持續了一年多；到了六六八年，高句麗由於內部紛爭，長年飢荒，終於在唐與新羅的南北聯合攻擊下滅亡。一直威脅新羅的百濟和高句麗相繼被消滅。

從表面上看起來，新羅似乎統一了整個朝鮮半島。然而，在解決所謂的內部矛盾之後，新羅才發現，長久以來的盟友——大唐其實別有居心，意圖掌控整個半島。於是，雙方的合作到此為止，開始為了爭奪朝鮮半島的控制權而兵戎相見。此乃後話，稍後再表。

時間來到了西元六七〇年，大唐高宗咸亨元年，新羅文武王十年。對於大唐高宗皇帝來說，這一年發生的一件事情讓他非常惱火：四月，吐蕃大舉入侵西域，攻陷西域白州等十八個羈縻州，又和于闐聯手陷龜茲撥換城（今新疆阿克蘇），唐被迫罷安西四鎮。與吐蕃的直接衝突，終於驚醒了大唐王朝的決策層：吐蕃再也不是從前的吐蕃，已經開始威脅帝國的安全了。於是，對吐蕃進行軍事打擊便提上了議程。

高宗李治認為，要拒斥吐蕃對唐朝領土的不斷蠶食，就必須復奪吐谷渾，扶持流亡的吐谷渾王歸國建立一個親唐政權，以之作為大唐與吐蕃的戰略緩衝，並切斷吐蕃與河西走廊之間的聯繫。於是，大非川（今青海共和縣的切吉曠原）戰役的布幕便拉開了。

四月，高宗以右威衛大將軍薛仁貴為「邏娑道行軍大總管」，以左衛員外大將軍阿史那道真，左衛將軍郭待封為副總管，以「護吐谷渾還國為名」，率約五萬（一說十萬，本文以正史為準）唐軍征討吐蕃。吐蕃則派出戰神——吐蕃第一名將噶爾欽陵迎戰；欽陵是吐蕃大相尊業多布之子，祿東贊之孫。

從四月到八月，唐與吐蕃為爭奪龜茲、疏勒、于闐、焉耆（今新疆庫車、喀什、和田、焉耆）四鎮，激戰於大非川。薛仁貴深知吐蕃軍兵多將廣，且以逸待勞，唐軍須速戰速決，方能取勝；但吐蕃軍避實就虛，不與唐軍精銳直接交鋒，而是斷其糧草後，集中優勢兵力奪取勝利。而唐軍遠道出征，且兵力不支，供給不暢；尤其是軍中將領不和，副將郭待封擅違軍令，一意孤行，導致唐軍終陷敗局。

要知道，唐朝經過太宗一朝的潛心發展而國力強盛，到高宗登基後又相繼解決西突厥以及高句麗等威脅，國土面積、國家實力、軍事力量已至建國來最強；而此時的吐蕃贊普年幼，雖國力已獲長足發展，但相較於唐朝來說仍處於下風。這場戰役，高宗本以為勝券在握，想不到卻是強不勝弱。

這次戰役對於大唐來說，是一次影響巨大的戰役，是唐朝開國以來對外戰爭中遭遇的第一次失敗，重挫了大唐軍隊的無敵神話。對於唐來說，大非川戰役的失敗和安西都護府的崩潰，無疑是場軍事災難。

結果是，唐朝被迫撤銷四鎮建制，安西都護府遷至西州（高昌，今新疆吐魯番）。而吐蕃則憑此一戰成名，一躍成為可以與大唐分庭抗禮的西部大國，可以輕而易舉地控制絲綢之路。自西漢以來，由張騫開闢的絲綢之路，千餘年來駝鈴不絕。大非川戰役勝利後，吐蕃勢必會控制絲綢之路的「青海道」，並且還可以北上控制絲綢之路北道的分支線路。由絲綢之路聚集起來的財富，將給吐蕃帶來了極大的物質利益，使其更有資本和大唐帝國抗衡。

再說大唐方面，一代絕世名將薛仁貴在其軍事生涯中遭致大敗，英名因此蒙塵。這樣的結果讓高宗龍顏大怒，但念在主將薛仁貴過去曾立下赫赫戰功，這次讓他僥倖免死，但是從軍隊中除名，薛仁貴就此匆匆結束了其顯赫的軍事生涯。雖然幾年後被再次起用，但是廉頗老矣。

從此之後，唐與吐蕃的恩怨持續了近二百年，直至各自崩潰瓦解、消散如煙；所有的榮華富貴、恩怨寵辱，最終不過化為塵土，歸於笑柄。本來世道變化，反覆無常，不過如此而已；但高宗皇帝不是什麼大徹大悟者，他的思想還遠遠沒有到達這個層次。

大唐皇帝的苦悶到此告一段落，讓我們來看看義相。

對於義相來說，他面臨一個重要的抉擇：繼續留在大唐還是返回新羅？算起來，這是他來到大唐的第十個年頭了。

有關外國留學生以及入唐求法僧在唐留學的具體年限，雖然史籍並無明確著錄，但仍有一些零星記載可資判斷。如《舊唐書．新羅傳》載：「質子及年滿合歸國學生等共一百五人，並放還。」從「年滿合歸國學生」可以看出，唐朝留學生在唐習業應該有居留時間限定。

唐朝留學生是在中央官學與中土士子一同習業，而唐朝官學習業年限有明確規定。據《唐六典》載，國子監各學最長修業年限為九年，律學為六年；凡在規定時間內未能科舉及第者，則「舉而免之」。照此看來，留學生在國子監學習年限應與中土學子大致相同。

根據《東史綱目》的記載可知，「新羅自事唐後，常遣王子宿衛，又遣學生入太學習業，十年限滿還國，又遣他學生，入學者多至百餘人。」明確記載留學生赴唐習業年限為十年。

而且崔致遠在〈遣宿衛學生首領等人入朝狀〉中也稱：「（新羅留唐學生）庇身於米廩之中，勵志於稷山之下，學其四術，限以十冬……千里至之行，聚費尤勞於三月；十年為活，濟窮惟仰於九天。」

「十冬」、「十年」都表明新羅留學生居留唐土時限當為十年。前面說唐朝官學學生習業年限是九年，新羅留學生與之一同習業，年限應該一致，為什麼多出一年？

原來，新羅每年都會派遣大量的留學生，數量多且頻繁，幾乎年年都有留學生入唐，其留學年限也當以唐廷規定的九年為期；但是，大唐招收的留學生人數是有限的，於是就需要輪換才能讓更多的人入唐學習；所以。大部分新羅留學生多是九年習業期滿便被召回本國，讓新一批的留學生順利赴唐。至於多出的這一年，則是包括了新羅留學生踏上唐土而尚未正式入學的時間，以及完成學業後安排行程歸國的時間。

同時，入唐留學生完成學業後返回本國也需遵循一定的程序。先由本國向唐朝提出申請，奏明將要歸國留學生人數、姓名等事項，獲得唐朝准許後，方可隨本國使節離開唐土。僅就歸國程序而言，新羅和日本等國是相同的，必須先上奏唐廷，獲准後方可帶留學生還國；若得不到唐廷准許，不能私自返國。

對於入唐學子來說，他們可以選擇：結束學業後，他們可以榮歸故里，也可以留住大唐走仕途之路；如果情願留在唐土白衣終身，唐廷也不作過多干涉。這是唐朝對入唐留學生的規定。

以此類推，入唐求法僧的情況也差不多；亦即，入唐學習的時間大部分也以十年為限；但考察史料記載可知，實際的情況要比留學生相對寬鬆。因為，他們是方外之人，身分特殊，是掌握「特殊技能」的高級人才；對於這樣的人才，自然是多多益善，大唐之門是永遠敞開的。

西元六七〇年，義相已經四十六歲，年近半百。回想起自己剛出家的情景，彷彿就在昨日。一路走來，人生的喜怒哀樂、悲歡離合也略有經歷。這些年，他在大唐隨智儼學習華嚴圓教多年，略有所得；他知道，所謂出世修煉，不是終南捷徑，也不是逃避責任，而是要扎實地下功夫，開啟內在大智慧。

修行是為了生命的兩個層面：身與心的健康。保持健康的身心，並不是為了享受感官欲樂，而是為了能身心無礙的修行佛法，早日解脫生死的束縛；修行應以明心見性、洞見事物的真實本質，並解脫一切眾生為誓願。

智儼曾對他說過：「出世功夫是入世事業的保障，修道者在修至智慧恆定、不再為外物困擾時，對宇宙自然之理會有正確的理解，自應隨緣濟世。」

義相自問雖還沒有達到「智慧恆定，不為外物所擾」；但是，為了早日讓半島的民眾習得華嚴圓教，他決定返回新羅弘揚華嚴。

四月初，義相辭別了至相寺眾人，下終南山，入長安城。在鴻臚寺完成了返國申報手續之後，意味著他的入唐求法生活畫上了句號。

接下來，他將動身啟程，踏上了返回故鄉新羅的歸途。他計畫從長安出發，一路沿驛站往東北，途經東都洛陽，最後到登州府，然後在這裡坐船返回新羅。登州府在長安東北二千五百九十九里，去東都洛陽也要一千八百五十二里。

這正是：長安十載渾不覺，三千里路雲和月。

十多天後，義相來到了東都洛陽。進得城來，看到洛陽城內也是店鋪林立、商賈雲集，來往的人群熙熙攘攘，顯得熱鬧非凡。義相對此是沒什麼興趣；他一邊走，一邊打聽白馬寺的所在，準備前往那裡參訪並借住幾日。

佛法真正傳入中國，是在漢朝絲路開通後。當時，豐富的西域文化、物產進入中國，是中西交流最初的里程碑；佛法就是在這樣的機緣之下，隨著葡萄、哈蜜瓜和胡旋舞傳入，到今日仍影響東方甚深。而白馬寺正是中國歷史上最初的寺院，其來由更是殊勝可歎，洛陽城內無人不知、無人不曉。

白馬寺創建於東漢永平十一年（西元六十八年），是佛教傳入中國後興建的第一座寺院，在中國佛教歷史上占據著重要地位，被佛教界尊稱為「釋源」和「祖庭」，是中國伽藍之首。

中國第一次去「西天取經」的曹魏朱士行（二〇三至二八二年）始於白馬寺；最早來中國的印度高僧禪居於白馬寺；最早傳入中國的梵文貝葉經收藏於白馬寺；白馬寺的清涼臺是中國最早的譯經道場；中國第一本漢文佛經《四十二章經》在白馬寺譯出；中國第一本漢文戒律《僧祇戒心》始譯於白馬寺，並最早在洛陽立壇傳戒；中國第一場佛道之爭發生於白馬寺；第一位漢人比丘朱士行受戒於白馬寺。

佛法東行至今，已經有了幾百年歷史；到了大唐高宗一代，各種佛事活動更是興盛一時。作為河洛之間的名剎，白馬寺在許多信徒心目中自是一個聖地，哪怕並非佛事節日的尋常時節，往來禮佛的信眾們仍是絡繹不絕。此時正是四月春暖花開之時，白馬寺又以牡丹有名，更是引得眾人紛紛前來一睹芬芳。

正所謂：最美四月洛陽城，牡丹花開詩意濃。

白馬寺位於洛陽城北偏東位置，大約二十多里，北依邙山，南望洛水。因為地處城外，沒有城內坊曲的限制，所以用地頗不省儉，規模宏大至極，遠非城中諸名剎可比。

義相來到了白馬寺前，只見寺院周遭古木參天、松柏森森，即便今日晴空萬里，也是暮暮沉沉，讓其中氣勢恢弘、古色古香的廟宇顯得莊嚴而肅穆。

進入廟門之後，首先映入眼簾的是一個三尺多高的三足香爐，青銅所鑄，數人才能環抱。爐體周身繪有雲紋圖案，三足膝部為神獸飾。上香之人熙熙攘攘，香爐裡面積滿了香灰，無數香燭燃著或燃過，被風一吹，火星點點，煙霧繚繞，宛如仙境。

迎面的建築就是天王殿，穿過它之後，是一個非常寬敞的月臺。月臺後方佛殿的門楣正中，高懸著一塊斑駁的金字牌匾，上書四個大字「大雄寶殿」。

義相進入大殿，只見大殿內供奉有三佛，中尊是釋迦牟尼佛、左尊是西方阿彌陀佛、右尊是東方藥師佛。仔細看去，三尊佛像都有不同的手印，代表佛的悲願和德行。釋迦牟尼佛右手結「說法印」，左手持定印；藥師佛右手持「與願印」，左手維持定印；阿彌陀佛雙手結「法界定印」。三尊佛像都是結跏趺坐，佛面圓滿，面容慈祥。線條流暢，古樸素雅，佛座下的方形須彌座穩重大氣。整個大殿恢弘、莊嚴，同時蘊涵著一股震撼的力量。

禮佛之後，義相前往客堂準備掛單。他先卸下隨身的行李，放在客堂門外右側柱腳。進門後問訊，然後在左側長凳上挂腿而坐。片刻之後，有照客師走到他面前，合掌問：「老菩薩！來有何事？」

義相合掌答曰：「打擾常住，挂上一單。」

照客師知其來意後，轉身走向知客師房間外，先在房門外彈指三下，然後說道：「知客師慈悲，有老菩薩來挂單。」

稍許，知客師出來，同義相坐在同一側椅子上。在將坐　未坐下時，義相趕緊站起說：「頂禮知客師父。」

知客師答：「問訊。」義相依命問訊。

等知客師命：「坐下。」才重新落座。

知客師坐穩後，問：「上座師何處發腳？往哪裡去？」

義相回答：「自長安來，往登州去。」

知客師父接著問道：「到常住這邊有什麼好事？」

答：「打擾常住，挂一單。」

問：「衣鉢常住何處？」

答：「海東新羅慶州地皇福寺。」

問：「得戒和尚上下？」

答：「上慈下藏大和尚。」

問：「師父上下怎麼稱呼？」

答：「恩師上智下儼和尚。」
問：「曾到此間否？」
答：「初到此地。」
知客問得溫文有禮，語氣平和，義相答得惟恭惟謹，輕聲細語。
在確認了義相遞上鴻臚寺的文書，驗明身分之後，知客師頗為滿意。即喊：「送單。」
此時義相說道：「頂禮知客師父！」
知客師說：「問訊。」義相依命問訊。
照客師接說一聲：「請！」
義相便起身到客堂外背起行李，跟照客師走到了指定單位。然後，他解開行李，衣鉢包挂在裡面牆上。稍後，由侍者帶領，禮拜了寺院住持，主賓一番問候，略去不表。至此，才算正式掛單完畢。
正所謂，「不以規矩，不成方圓」。古來寺院的掛單規矩大抵如此，即先到客堂與職事僧相見，再去僧堂掛單，後謁見寺中住持。在挂單後，有首要三事，即一知廁所、二知用餐處、三知寺院作息時間。

義相在白馬寺掛單幾日後，繼續踏上了歸途。

善妙化龍

從洛陽往登州，需東行一千八百五十二里，一路辛苦。

這一日，義相來到了登州府（今山東蓬萊）界，望著遠方的州城，聞著風中夾雜的大海味道，讓他的心跳加速。

故鄉，越來越近了。

秦漢時，登州地區曾先後隸屬於齊郡黃縣和東萊郡，透過經營成為了東方海上絲綢之路的起始港，也開始了與朝鮮半島的往來。發展到唐朝時期，陸路對外交流發展到了鼎盛時期，同時海路對外交流也取得了較快發展，形成了水陸並重的局面。唐朝李吉甫的《元和郡縣圖志》記載：

（隋）開皇三年（西元五八三年）置牟州，大業三年（西元六〇七年）廢。武德初又置，因文登人不從賊黨，遂於縣理置登州。

由此可知，唐武德初年（西元六一八年）始設登州。後唐太宗時期，為了提高行政效率，將當時人口較少、經濟較為落後的登州裁撤歸並到了萊州進行管理。此後隨著唐朝國力的增強、文化的繁榮昌盛，到武則天時期，周邊許多國家都派使者來到唐朝進行學習，因此武則天重新設置了登州。

唐朝時，登州港不僅加強了與國內各大城市的經貿聯繫，而且在國際海洋貿易中的地位也得到了顯著加強，出現了「日出千杆旗，日落萬盞燈」、「帆檣林立，笙歌達旦」的景象，足以證明此時的登州港已經是一個極其具有代表性的貿易港口了。

登州港能夠成為唐代海上絲綢之路的始發港有其特有的條件。首先，登州港地理位置優越。地處山東的蓬萊丹崖山下的登州港，不僅三面被海包圍，還與長安、洛陽等地修築了發達的來往道路，使其無論是前往朝鮮半島、日本列島，還是到達國內北方的交通都非常順暢。其次，唐朝時沿海地區的船舶製造以及航海運行技術得到了提高，推進了登州港的成長。

登州港在唐與新羅的政治交流中，主要體現在作為軍事港口和接待使者兩方面。作為軍事港口，登州港負山控海、形勢險要，既有利於軍用船隻進出和隱蔽，又有利於防守。登州港在唐與新羅的往來之初就有所貢獻。

唐朝初年，朝鮮半島分立有高句麗、百濟和新羅三個政權，高句麗意圖吞併新羅，故有意地阻撓新羅對唐的朝貢，並且與百濟聯手舉兵進攻新羅；為此，新羅向唐朝尋求援助。隨著新羅和高句麗之間戰爭序幕的拉開，登州港的軍事戰略作用一步步得到了顯現。

唐高宗即位後，顯慶五年（西元六六〇年），命左武衛大將軍蘇定方引兵「自成山濟海」，直趨朝鮮半島西部的熊津江口（今錦江口），與新羅聯兵擊滅了百濟。上述唐軍渡海的出海口「成山」為登州屬地，由此足以看出登州港在唐與新羅交往之間軍事古港的重要地位。

在接待使者方面，登州港更是發揮了重要作用。據史書記載，唐朝建立後，朝鮮半島三國均派遣使者前來；不同的是，史書幾乎沒有記載唐朝對高句麗和百濟的接待和回訪，唯獨對新羅，留下了唐高祖李淵對新羅使節的記載：

親勞問之，遣通值散騎侍郎庾文素往使焉，賜以璽書及屏風畫，錦彩三百段，自此朝貢不絕。

據統計，在唐與新羅往來的近三百年間，新羅曾以各種名目派使者入唐，如朝貢使、告哀使、進賀使、謝恩使、文化請求使、請兵使、謝罪使、戰捷報告使，以及賀正使、宿衛使、陳慰使等，多達一百二十六次。從唐武德二年（西元六一九年）至唐總章元年（西元六六八年），通過登州往返於百濟、高句麗、新羅等朝鮮半島國家的使臣共有三十四批次。

由此可知，在唐朝與新羅的文化交流中，登州港是唐朝文化向外傳播的窗口。通過登州港往返於唐朝與朝鮮半島、日本之間的使者、商人、留學生、求法僧等積極地吸收中國的優秀文化，以完成改變自己國家落後面貌的使命。這些活動使盛唐文明傳播到各地，促進了整個東亞地區的進步和發展。

基於以上原因，登州成為連接大唐與海東外交通道上的一個重要交會點，故在城中設置了為來往使客辦理入關手續、供給旅途物資、提供換乘交通工具的院所──「新羅館」，它是唐朝政府所設立、用以專門接待新羅官方使節的賓館。它設在登州城內，是由於登州港已是唐羅海上交通的官方港口；從登州往長安，沿途則有驛館與它相接。因此，新羅館屬於唐朝的驛運系統。

所以，當義相來到登州之後，就住在這新羅館裡。聽說從長安來了一位故鄉的高僧，居住在這裡的新羅人們奔走相告，紛紛前來供養；義相則是廣結善緣，為他們開示佛理、誦經祈福，只為栽下一顆菩提種子。

就在這裡，產生了一段「少女善妙化龍護法」的悠然傳說。

某一日，新羅館裡來了一名少女善妙，隨其父親前來禮拜聽法。這善妙是本地新羅客商的女兒，父輩來登州經營已有多年，家有薄財，衣食無憂。她麗質天生，也曾習文識字、飽讀詩書，儼然一個小家碧玉。見義相法師儀表堂堂，談吐不凡，頓時傾心不已，心生愛慕。

義相為來訪者娓娓道來他二次入唐時所經歷的種種辛苦、以及大唐求學十載的所得，聽得眾人唏噓不已。

善妙也是個善根深厚之人，從義相的言語間頓有所悟，本是懷著少女之心仰慕義相，繼而轉發道心，在義相面前發願道：「弟子願生生世世皈命和尚，學習大乘，永不退轉！」言畢，三拜起身離去。

幾日後的一個清晨，義相在晨曦中搭上了一艘商船，啟程返回新羅。聽聞消息的善妙急忙趕來送行，然而船已漸行漸遠。

於是善妙對著茫茫大海，大聲說道：「我願變成一條大龍，保護法師搭乘的商船航行順利，返回新羅大興華嚴。」說完，就跳入海中。精誠所至，善妙真的變成了一條龍，為船護航，讓義相平安無事地返回新羅。

根據《宋高僧傳》的記載，歸國後，義相被國王請為上座，在京師廣開法宴。

為了讓更多人瞭解華嚴妙義，他遍歷山川。某一天，來到了榮州，見此處山秀地靈，心作是念：「此實為轉法輪之地，華嚴大教非福善之地不可興也！」不過，那裡已有其他宗派徒眾聚居，幾次溝通無果，心中甚是苦悶。善妙所化之龍知悉義相心意，隔日便示現神變。在虛空中化成巨石，縱廣一里，蓋在他宗徒眾伽藍頂上，作將墮不墮之狀；眾人見此，驚慌失措，落荒而逃。於是，義相得以入寺駐錫，從此闡揚《華嚴》，年復一年，慕道而來者不計其數。

從這段記載可知，義相返回新羅傳教的過程並非一帆風順，甚至還與既有的佛教其他宗派發生衝突。

其實，從海東佛教傳播的歷史來看，這種衝突的發生並非偶然。在前面的章節裡提過，佛教在最初傳入新羅之時就並非坦途。隨著時間的流逝，新羅人對於佛教的理解也發生了變化，對於佛教這一新興宗教從最初的排斥轉變為信奉；但是，新的問題隨之而來，那就是佛教的宗派之爭日盛。

在義相之前，新羅的佛教已有了近百年的歷史，傳統的佛教理論是新羅佛教的主流，並被視為正統。隨著義相入唐求法並帶回全新的華嚴教學，華嚴的教義和思想，對於接受傳統佛教思想的僧眾來說，像是標新立異，創立宗派自然會引發矛盾。

佛教內部的宗派之間經常有爭論，甚至爭得特別厲害，從部派佛教時代以來便是如此。普通人都想表達自己的觀點、意見，這種我執、我見很盛行，古今皆然，往往越爭越烈。在爭執當中，如果自己的觀點有問題就容易謗法。只要是凡夫，隨時都有可能造罪；普通的修行人，因為智慧不圓滿，心態又不好，更容易造罪；偏偏，智慧不高者，卻常以為自己的智慧達到了頂點，從而目空一切、目中無人。

本來，佛以「一圓音而說法」，無大小乘之分，聲聞緣覺之別。因聽者稟質不同，則所獲迥異，致有大小乘立，聲聞緣覺道殊。甚至佛滅度後，嘗因細微之辯，而有各部派的形成。不過，樹立多宗，實由中國創始。隋唐之季，好佛者尤致力於判教，各執某部經論而立宗派，這為印度佛教所無。不過，按照今日所謂科學方法來衡判，學問愈分門類則愈專；正如大學院校，分得愈仔細，則教學之內容愈見密緻。

總而言之，佛教裡面的分宗立派，揆其原旨，不外「精益求精」之意，但仍不離佛「圓音說法」之義。

《華嚴》傳入海東

菩薩信仰，不僅是在中國，在古代的韓國和日本也是非常流行。比如新羅人也信奉常住五臺山的文殊菩薩、金剛山的曇無竭菩薩、支提山的天冠菩薩；此以，還有常住洛山的觀世音菩薩。這些都可從《華嚴經》中找到其背景。

在《華嚴經．諸菩薩住處品》中，由心王菩薩演說了諸大菩薩的住處。為什麼是心王菩薩？「王」者，自在意；心王，即心自在，表示心隨智住。

心王菩薩首先從東方說起。按五行來講，東方是甲乙木，甲木是陽，乙木是陰。所謂「一陰一陽之謂道」、「偏陰偏陽之謂疾」；陰陽調和，能生萬物；陰陽失調，則物不生。這是宇宙自然律。木是青色，木有欣欣向榮的生氣，所以春屬木旺。春乃四季之首。因此之故，先從東方開始，然後是南方、西方、北方。心王菩薩演說了菩薩常住的二十二處所在：

前十依八方山海，以上下非凡至故不明之，山海包藏仁智棲止，表大智高深故，能止能照故。後十二處，城邑雜居，曲盡物機，表大悲無遺故，則知菩薩無不在矣。

其實菩薩本沒有住處，如果非要說有那就是以「慈悲喜捨」為住處。因為菩薩沒有一個「我」的思想，怎會有個「住處」？

這個「住處」不是一定的，雖然沒有一定，但心王菩薩仍說出各有方所，有常住之處。這個「住」，是無住之住，是沒有執著；這個處，是無處之處，也是沒有執著。菩薩不執內、不執外，不執空、不執有，一切無著。現在這個住處，不過是假名而已。

《華嚴經》以其龐大的篇幅，大量而豐富的形象描寫，構築了自己獨特的大乘佛教思想體系，對於大乘佛教的傳播與發展產生了極其深遠的影響。儘管《華嚴經》的理論十分深邃，所展示的華藏世界也是不可思議，但是貫穿其中的是以文殊、普賢、觀音等大菩薩及其修行為中心的大乘佛教修行理論和步驟。可以說，菩薩信仰思想在《華嚴經》中得到了最充分、最完美的表述。

從歷史上看，「菩薩」這個名稱最先為釋迦牟尼佛在成道前所專用，也是早期佛弟子由原始佛教到部派佛教對成道前之悉達多（Siddhārtha）的稱呼。悉達多為了成佛，作了種種努力，亦受了無數考驗，這些努力和考驗都是在成佛的道路上發生的，因此應有一個概念來標明其意義；同時，依據佛弟子的想法，這種遭遇即顯示出釋迦牟尼佛的生命與一般人不同。所以，「菩薩」的稱呼，是釋迦牟尼佛求道生涯的總結，也是求道實踐的表現。

在燃燈佛授記的故事中，釋迦牟尼佛四阿僧祇劫前為一婆羅門青年，名叫善慧（Sumati），以七莖之花供養燃燈佛，於是獲得授記「將來必可作佛。」

釋迦牟尼佛的菩薩活動就是這樣開始的，這暗示了只有立下決心求取正覺的人才能成佛，才能得到佛的授記。所以大乘佛教審決眾生是否菩薩，即以「發心」為界。佛並非釋迦牟尼一人，由佛的多數性即可以推知菩薩的多數性，菩薩亦非一人；也就是說，任何人都可以依循釋迦佛的道路，將來作佛。

另一方面，認為凡依大乘佛教教義、決心實踐成佛道路的人就是菩薩；於是，歷史上的人物，如龍樹、提婆、無著、世親等都是菩薩。再進一步，更普及至一切眾生，認為一切眾生最後皆得成佛，佛的本懷也是如此。所以，一切眾生都是走在成佛道路上的人，一切眾生終極地說都是菩薩。這樣，就和佛性的觀念相通。相通的結果，對「菩薩」語義的瞭解亦有了不同：菩薩成為一有覺性的存在或在本質上就是覺性；以覺為性，眾生即是一潛在的佛。

從菩薩的救度活動上看，一方面自利，求取菩提（bodhi）；一方面利他，教化眾生（sattva）。所謂「上求下化」、「自利利他」，即成為菩薩活動的標誌，後期經典更強調菩薩利他的一面。除常行六度（布施、持戒、忍辱、精進、禪定、般若（智慧））、四攝（布施、愛語、利行、同事）之外，更設有種種的方便法門，對機成教，終無厭倦。

這種精神傳至中國，形成圓教。天台宗所謂：「張大教網，亙法界海；漉人天魚，置涅槃岸。」這就把菩薩的積極救世的精神表露無遺；大乘佛教的產生，原來也是出於這種精神的推動。

根據佛經記載，觀世音菩薩是過去的正法明如來，在過去就已經成佛了；他倒駕慈航來人間，是為了幫助釋迦牟尼佛度化眾生的。觀世音菩薩在我們凡夫心目中，是最完美的人格；他充滿了愛，他偉大的心胸包容了普天下的眾生；他聞聲救苦，慈眼視眾生。

觀世音菩薩另外有一個名稱叫做「觀自在」。「觀世音」對眾生的作用是，當菩薩耳朵聽到或是眼睛看到哪個地方有求救的聲音，就會化身前去伸援。而「觀自在」呢？則是對自己；自己的心理需要修持得很自在，不管遇到任何環境都能歡喜接受。

據說，義相返回新羅沒多久，聽聞觀音菩薩住在東海邊，於是前往參拜。義相的觀音信仰，應該與《華嚴經・入法界品》有關，也與他早期學習《法華經・觀世音菩薩普門品》有關。

《三國遺事・洛山二大聖觀音正趣調信》裡講到義相在洛山寺為拜見觀音菩薩精進修煉的故事：

昔義湘法師始自唐來還，聞大悲真身住此海邊崛（窟）內，故因名洛山；蓋西域寶陁洛伽山，此云「小白華」，乃白衣大士真身住處，故借此名之。齋戒七日浮座具晨水上，龍天八部侍從引入崛內。參禮空中，出水精念珠一貫給之，湘領受而退；東海龍亦獻如意寶珠一顆，師捧出。更齋七日乃見真容，謂曰：於座上山頂雙竹湧生，當其地作殿宜矣。師聞之出崛，果有竹從地涌出，乃作金堂塑像而安之。圓容麗質儼若天生，其竹還沒，方知正是真身住也。因名其寺曰洛山，師以所受二珠鎮安於聖殿而去。

根據上面的記載可知，從大唐求法歸來的義相法師聽說大悲真身在洛山。

為了拜見觀音菩薩，義相來至洛山某處，在此虔誠地進行了七天齋戒之後，天空中天龍八部現身，將他導引至一個洞窟中。義相向空中行禮，只見憑空現出一串水晶念珠，義相領受而退；之後又齋戒七天，終於見到觀音菩薩真身。然後按照觀音菩薩的指示，在山頂冒出兩棵竹子的地方建了金堂並塑像供奉，這就是洛山寺的由來。

對於義相前往洛山修建觀音道場的這段傳說，學界是有所質疑的；因為，洛山觀音信仰的背景來自於《華嚴經》——更準確地說，是實叉難陀主持、法藏參與翻譯的八十卷《華嚴經》（西元六九九年）。這部經裡面提到，觀音菩薩常住於「補怛洛伽山」；義相在終南山至相寺學習的則應該是東晉時代佛馱跋陀羅翻譯的六十卷《華嚴經》（西元四一八年），裡面稱觀音住處是「光明山」。雖然八十華嚴的翻譯完成於義相圓寂之前（西元七〇二年），但他是否能有機會閱讀到這部經典則不能確定。

不過，「補怛洛伽山」並非只出現在八十卷《華嚴經》中，玄奘法師在《大唐西域記》（西元六四六年）中也有提到：

秣剌耶山東有布呾洛迦山，山徑危險，岩谷敧傾；山頂有池，其水澄鏡，流出大河，周流繞山二十匝，入南海。池側有石天宮，觀自在菩薩往來游舍。其有願見菩薩者，不顧身命，厲水登山，忘其艱險，能達之者，蓋亦寡矣。而山下居人，祈心請見，或作自在天形，或為塗灰外道，慰喻其人，果遂其願。

至於《華嚴經》的傳入，依譯出的時間，可分為《六十華嚴》、《八十華嚴》及《四十華嚴》，版本有其差異。

一、《六十華嚴》的傳來

在韓國古代三國時期，新羅因為地理上的原因，相較於高句麗、百濟，其佛教傳入時期是比較晚的。但其後來居上，因為新羅與唐一直保持密切的往來，並在最後藉助唐朝的力量統一了三國，各種佛教思想都得以傳播，並展開其本土化的發展過程。

新羅中古時代（西元五一四至六五四年）的高僧，按照求法的時間先後分別有圓光、安弘、慈藏等人。其中，圓光是入陳求法，主要是與占察法會有關。安弘則是入隋求法，後來返回新羅提出了「新羅佛國土說」。因為相關史料的闕失，對於他們二人詳細的求法經歷無從得知，所以無法得知兩人與是否接觸到華嚴類經典。只能從相對記錄比較多的慈藏來探討相關內容。

慈藏入唐之後的活動可以分為四個階段：第一，慈藏入唐後，先前往五臺山參拜；然後才到達長安，前往空觀寺從法常（西元五六七至六五四年）那裡處求得菩薩戒並留下奉事師長。法常是當時遠近聞名的高僧，皇帝對其甚為推重：「下勅令為皇儲受菩薩戒，禮敬之極眾所傾心。貞觀九年（西元六三五年）又奉敕召，入為皇后戒師。因即勅補兼知空觀寺上座，撫接客舊，妙識物心；弘導法化，長鎮不絕，前後預聽者數千。東蕃西鄙難可勝述，及學成返國皆為法匠。」

第二，西元六三八至六四〇年間，得到唐太宗特別厚待的慈藏入住光德坊之勝光別院。道俗為求受戒蜂擁而至，「從受戒者日有千計。」唐太宗對其善待有加或是基於政治目的，這應該與慈藏的新羅貴族出身及地位有關。

第三，西元六四〇至六四二年，慈藏「性樂棲靜，啟勅入山……往還三夏常在此山。」慈藏在終南山雲際寺東邊茅棚自修時，可能與同在雲際寺的道宣有所交流。

第四，西元六四二至六四三年，慈藏「將事東蕃，辭下雲際。」他結束了山中的修行，重新返回到長安城：「既而入京，蒙敕慰問，賜絹二百匹用充衣服。貞觀十七本國請還，啟敕蒙許。引藏入宮，賜納一領雜彩五百段，東宮賜二百段。仍於弘福寺為國設大齋，大德法集，並度八人。又敕太常九部供養，藏以本朝經像雕落未全，遂得藏經一部並諸妙像幡花蓋具堪為福利者，賚還本國。」這次亦得到了皇室的厚待，連東宮都對其善待有加，並且請得藏經一部帶回新羅。

此處可以合理推測，即在慈藏帶回的藏經中包含《六十華嚴》；也就是說，在西元六四三年，新羅已經可能有《六十華嚴》在流傳。如果以上推測不能成立，那麼，新羅至少在義相入唐求法返回新羅的含亨元年（西元六七〇年）傳入《六十華嚴》。

二、《八十華嚴》的傳來

于闐國三藏實叉難陀在唐武后證聖元年（西元六九五年）於東都大內遍空寺重新翻譯《華嚴經》，共計三十九品共八十卷，四萬五千偈頌，史稱「新譯」或「唐譯」。雖然史料中沒有記載《八十華嚴》傳入新羅的確切時期，但由此推算新羅《八十華嚴》的傳來時期，應該是在長安漢譯之後，大概八世紀初左右的事情。

在高麗僧人均如（西元九二三至九七三年）的《釋華嚴旨歸章圓通鈔》中，

有義相的弟子悟真向大唐了源和尚請教《八十華嚴》品數的記錄。此外，在八世紀中葉活躍的僧人表員著有《華嚴經文義要訣問答》，此書是對《八十華嚴》的注釋。綜合以上可知，最晚在八世紀中葉，《八十華嚴》已經傳入新羅並得以流傳。

三、《四十華嚴》的傳來

《四十華嚴》又稱貞元新經，大約是在唐德宗神武聖文皇帝貞元十五年（西元七九九年，新羅昭聖王元年）左右由僧人梵修帶回。史料中寫道，梵修「求得新譯後分《華嚴經》」，考慮到《八十華嚴》在八世紀初就已經傳入新羅，所以他帶回的應該是《四十華嚴》。

由上可知，從六世紀開始到八世紀末，三種版本的《華嚴經》陸續傳入新羅；一方面說明新羅與唐的往來非常密切，另一方面也說明了佛教在新羅發展之迅速，使得華嚴宗成為韓國佛教歷史上非常重要的一個宗派。

修習《六十華嚴》的義相，在洛山禮拜觀音，還留有一篇《白花道場發願文》，講述了他以觀音大聖為榜樣和目標的決心。全文如下：

稽首歸依，觀彼本師，觀音大聖，大圓鏡智。亦觀弟子，性靜本覺。所有本師，水月莊嚴，無盡相好。亦有弟子，空華身相。有漏形骸，依正淨穢，苦樂不同。今以觀音鏡中，弟子之身，歸命頂禮。弟子鏡中，觀音大聖，發誠願語，冀夢加被。惟願弟子，生生世世，稱觀世音以為本師；如菩薩頂戴彌陀，我亦頂戴觀音大聖。十願六向，千手千眼，大慈大悲，悉皆同等。捨身受身，此界他方，隨所住處，如影隨形，恆聞說法，助陽真化。普令法界，一切眾生，誦大悲咒，念菩薩名，同入圓通三昧性海。

又願弟子，此報盡時，親承大聖放光接引，離諸怖畏，身心適悅。一剎那間，即得往生白華道場，與諸菩薩同聞正法，入法流水，念念增明，現發如來大無生忍。發願已，歸命頂禮，觀自在菩薩摩訶薩！

應該說，義相對於觀音菩薩的崇敬，來自於《華嚴經》的「圓融無礙」，也來自於《法華經》的「聞聲救苦」。觀世音菩薩能為眾開示，降伏各種風火災難，使得十方眾生都能獲得菩薩智慧之光的照明。義相的觀音信仰不是單純的他力信仰，而是透過發願希望觀音菩薩的慈悲在自己的本覺中展現，從而實現利他之實踐。

義相生活的時代，對內先有新羅與百濟高句麗的征戰，對外是新羅與唐的紛爭。這些戰爭讓整個朝鮮半島千瘡百孔、百業待興，百姓們流離失所、民不聊生，社會各階層都缺乏安全感。正是這種客觀現實，使得觀音信仰在新羅得以迅速流行和發展。

華嚴十剎

前面提到，大唐藉助新羅的力量在西元六六〇年消滅了百濟，六六八年擊敗了高句麗，然後在高句麗故地設九都督，並在平壤設安東都護府直接管轄朝鮮半島。此舉直接導致了新羅與大唐的決裂，並引發了新羅與唐的戰爭，斷斷續續持續了七年之久。最終的結果是，唐將安東都護府從平壤遷往遼東（今遼陽），而新羅完全控制了大同江至元山灣以南的地域，朝鮮半島大部分地區至此形成統一。

縱觀古今，精神上的統一是需要教化才能實現。當時大唐流行的《華嚴經》，經文中構建了一個圓融無礙的世界，統一了佛教諸宗，呈現了一個完整的宇宙；武則天對其之推崇，並非只是從佛教的層面來解讀那麼簡單。對於這一點，緊跟大唐腳步的新羅不會不知道。

新羅每年都會派遣幾十名學生入唐學習，再加上商人們經常往來互動，所以新羅文武王對於大唐君主們的喜好也都瞭如指掌。在明白了以上這些情況之後，我們就會比較容易理解義相為什麼要遍歷山川，然後選擇在遠離新羅首都慶州的所謂「風馬牛不相及地」開宗立派，傳法度眾。

因為，早在六年前義相返國之時，新羅已經在大唐的幫助下消滅了長久以來威脅其的百濟和高句麗兩國。雖然稱得上是統一，但這僅是軍事上的統一，真正意義上的精神統一還無從談起。

統一新羅時代的君主們大力扶植華嚴宗的真正意圖，應該是藉此統一朝鮮半島三國遺民的精神世界；而義相返回新羅之後開創的海東華嚴宗，則成功地扮演了這一重要角色。這也可看作是海東華嚴的根本寺院——浮石寺創建之根源。

西元六七六年，唐高宗儀鳳元年，新羅文武王十六年，義相創建浮石寺。

據《三國遺事》記載：「儀鳳元年（西元六七六年），湘（相）歸太伯山，奉朝旨創浮石寺，敷敞大乘，靈感頗著。」

浮石寺是具有代表性的韓國山地建築群。整個寺院建築以大山為依托，左輔右弼，面朝案山，群山環抱，風水形勝絕佳。寺院建築順山勢層層布局，在不同高層上進行空間組織，主要流線及兩側建築，充分利用不同地勢、高程又重視空間構圖，形成形式豐富、大小變化、收放自如的獨特山地寺院景觀。

崔致遠（新羅文學家，西元八五七年生，卒年不詳）編撰的〈大唐大薦福寺故大德康藏法師之碑〉有云：

海東華嚴大學之所有十山焉：中岳公山美理寺、南岳知異山華嚴寺、北岳浮石寺、康州迦耶山海印寺、普光寺、熊州迦耶峽普願寺、鷄龍山岬寺。括地志所云鷄藍山是朔州華山寺，良州金井山梵語寺、毘瑟山玉泉寺、全州母山國神寺，更有如漢州負兒山青潭寺也。此十餘所。

從寺院的分布位置來看，以上這些寺院多數分布在原百濟、高句麗境內，這不是偶然形成，應該是經過義相認真思考而精心安排的。比如，浮石寺所在的朔州，原本屬於高句麗的領地，華嚴寺的所在求禮郡則原是百濟舊土。這兩個寺院一南一北，構成了海東華嚴宗的兩大重鎮，各自代表南北兩個傳承系統。推而廣之，華嚴十剎的分布，是新羅統治者藉由護持華嚴宗來統一當時三國百姓的精神。

義相對一些已有的寺院進行改造，還新修了一些寺院，經由他本人或是徒眾去完成，由此形成了今日我們所瞭解的「華嚴十剎」。也就是說，此處的「華嚴十剎」並非全部由義相親手建立，而是崔致遠生活的那個時代，即九世紀被人所熟知的十所寺院；不過，這些寺院都與義相有著直接或者間接的關聯。崔致遠所說「華嚴十剎」中，有的建於義相之前，如智異山華嚴寺；有的則建於義相圓寂之後，如伽倻山海印寺創建於哀莊王三年（西元八〇二年），距離義相故去已有百年。

根據朝鮮時代僧人碧巖覺性（西元一五七五年至一六六〇年）於西元一六三六年編撰刊印的《華嚴寺事跡》可知，該寺由印度僧人煙氣創建於百濟聖王二十二年（西元五四四年）。

《東國輿地勝覽》的記載相對詳細，只是沒有確定僧人煙氣的活動年代：

華嚴寺，在智異山麓。僧煙氣，不知何代人，建此寺。中有一殿，四壁不以土塗，皆用青壁。刻《華嚴經》於其上，歲久壁壞，文字刓沒，不可讀。有石像，戴毋而立。俗云：煙氣與其毋化身之地。寺前有大溪，東有日留峰，西有月留峰。

對於這位煙氣大師的來歷，學界認為他是印度僧人，而且有些學者認為他沒有途經中國，而是直接從印度來到了朝鮮半島傳法，這種觀點值得商榷。煙氣是個印度人大概沒有問題；如果說他從印度直接而來，在智異山修建了華嚴寺還在牆壁上刻了《華嚴經》；那麼，雕刻的《華嚴經》是漢字還是梵文？

考慮到當時朝鮮半島官方的通用文字以漢字為主，這位煙氣大師的漢文水平一定也頗為高明；所以，他應該是從與百濟保持友好往來的南朝而來，似乎比較合理。這就能解釋他不俗的漢語實力，以及了解朝鮮半島的佛教發展情況。

總之，在義相來到華嚴寺之前，這裡就已經是一個有相當影響力的寺院。義相是在返回新羅大概七年後才來到這裡，根據《朝鮮佛教通史》的記錄可知：

唐儀鳳二年（新羅文武王十七年，西元六七七年），湘師承王命，以石板刻《華嚴經》留於本寺。又於唐嗣聖八年（西元六九一年，神文王十一年），湘師以唐賢首法師所述《探玄記》，講《華嚴經》於本寺之海藏殿。

他先是奉王命雕刻了石板《華嚴經》安置在華嚴寺，若干年後在收到了法藏的《探玄記》後，還在這裡大開法宴，以饗聽眾，在韓國佛教的歷史上留下了重重的一筆。

既然義相應新羅國王之請，返回故國宣揚一門新的宗派，就不得不考慮當時朝鮮半島佛教的發展狀況。如何在既有的、新羅佛教的百年傳統認知中開創出一個新的佛教宗門，是一次改革，也是一次挑戰。面對現實，他沒有退路。

作為今人，我們知道義相做到了。但是，在那個把佛教視為「高超法術」的年代裡，當事人要付出怎樣的心血和努力才能引領並改變眾人的認知？對此我們一無所知。我們唯一可以確定的，是義相的決心——

為了佛教，為了眾生，捨我其誰！

說起義相的弟子，可謂人才濟濟。根據史料可知，有悟真、智通、表訓、真定、真藏、道融、良圓、相源、能仁、義寂等人，都是華嚴宗的門人。他們被稱為義相的十大弟子，或是「十大德」、「十聖弟子」；門人真定、相源、良圓、表訓等人是其中的佼佼者，被譽為「四英」。

義相的十大弟子們延續法燈綿綿無盡，這種教團組織和師承教育讓義相和元曉的傳教活動形成了鮮明的對比，《宋高僧傳》也寫到「湘講樹開花，談叢結果」。義相的弟子中有些留下了不少傳記，但有些只有名字，生平不詳，此處略去不表。

前面提到，義相創建的浮石寺是新羅華嚴宗的中心道場，門下弟子雲集，是當時有名的大伽藍。華嚴十刹中的浮石寺、華嚴寺、海印寺、甲寺、梵魚寺等直到今天還保有當時的伽藍規模；此外，皇福寺、佛國寺、世達寺、月瑜寺等與華嚴宗也有一定的關聯。皇福寺不只是義相剃度的寺院，還是他對弟子們講解《法界圖》的場所，日後其弟子表訓也在此駐錫。

表訓被奉為興輪寺金堂十聖之一，他活躍於新羅景德王（西元七四二至七六五年）時代，與佛國寺也有很深的淵源。表訓曾與真定等十餘大德一起跟義相學習《法界圖》；當時，他據義相的四句偈撰寫了《五觀釋》，又在真定編撰的《三門釋》中補充了「不動建立門」使其成為四門。此外，他的學說還數次被引用在高麗華嚴僧均如的著作中，如《十句章圓通記》、《釋華嚴旨歸章圓通鈔》、《華嚴經三寶章圓通記》、《法界圖記叢髓錄》等。神文王元年（西元六八一年）四月，表訓應國王之請常住夢城寺，為文武王祈禱冥福而行懺法，後來又在金剛山萬瀑洞創建表訓寺。

義相入寂後，表訓駐錫皇福寺。在皇福寺時，大正角幹前來拜訪並請教「三本定」，表訓應其所請為大眾說法開示。時期大概是在金大城辭去侍中職，計畫創建佛國寺和石佛寺的西元七五〇年左右。西元七六〇年，唐上元元年，表訓在皇福寺還曾講說了「四滿義」。

真定出家前曾是一名軍人，服役之餘還經商奉養祖母，極其孝順。聽說義相在太白山（太伯山）教授佛法饒益眾生，就投入門下。如果義相在太白山開始教化的時期是在其創建浮石寺的西元六七六年（新羅文武王十六年）以後的話，真定出家的時間也應是此後。

儘管《毗盧寺事蹟記》是後世的記載，資料價值相對較小，但其中記載了真定出家時間，也就是神文王三年（西元六八三年）毗盧寺創建的那一年。毗盧寺是真定入門學習三年後，義相為其亡母在小伯山錐洞講授《華嚴經》九十天後建立的寺院。此寺若是在西元六八三年建立的話，真定應該是在此三年前、即新羅文武王二十年（西元六八〇年）出家的，這也與他聽說義相在太白山教化的消息後出家的動機相符合。真定編撰的華嚴著作有《三門釋》。

智通曾經是伊亮公的家奴，七歲時（新羅文武王元年，西元六六一年）在靈鷲山朗智門下出家；後來轉投義相門下，親聽了義相在浮石寺的四十日會、小伯山的九十日會以及太伯山大蘆房等地的講法。可能是由於早期曾在高僧朗智門下受業的原因，對於義相的講義，智通理解的比任何人都符合原意，這或許就是智通在義相的眾多弟子中更加傑出的原因。高麗華嚴僧均如在其《釋華嚴旨歸章圓通鈔》中有如下記錄：

新羅僧智通，乃相和尚十聖弟子之一也。居大白山彌理巖穴，修花巖觀。忽一日，見大豬過穴門。及通依常禮木刻尊像，盡其誠懇，像語通曰：過穴之豬是汝過去身，我即是汝當果之佛也。通聞此告，即悟三世一際之旨。後詣相德敘之，相德知其成器，遂以法界圖印授之也。

智通把義相在錐洞講解《華嚴經》的內容整理成兩卷《錐洞記》（也稱為《華嚴經問答》）流傳於世；此書是有關義相講法內容的記錄，也是我們能夠了解義相華嚴思想的重要資料。

《宋高僧傳》曾提到義相門下登堂窺奧者有則智通、表訓、梵體、道身等四人；不過，其中的「道身」並沒有出現在韓國古代的史料中，所以還是有些疑問。道身著有《道身章》兩卷，也是了解義相華嚴思想的寶貴資料。

除了直系弟子，義相的法孫們也延續了海東華嚴的命脈。八世紀中葉，義相的徒孫神琳在浮石寺大興華嚴學風，被人稱為浮石嫡孫。他開講《華嚴教分記》時，座下千人雲集。神琳在佛國寺講會中，就「三教九教之法」以及「十法」的教義還有一番討論。他曾負責佛國寺的法會，與表訓一起對金大城創建佛國寺和石窟庵給予了一定的影響，他還在月瑜寺登壇說法。

神琳門下也有很多傑出的弟子，對新羅華嚴教學的發展作了重要的貢獻，比較有名的是法融、崇業、順應、質應等人。法融寫有對《法界圖》的注釋《法融記》以及對智儼十句的注釋《十句章》，對後日的華嚴教學產生深遠影響。法融的弟子有梵體、融咄、融質等人，梵體在九世紀中葉駐錫浮石寺。曾在神琳門下學習的順應（生卒年不詳）於唐大曆元年（西元七六六年）入唐學習禪法，返回新羅創建了伽倻山海印寺，時為新羅哀莊王三年（西元八〇二年）。之後，海印寺的華嚴學風經由現俊、決言、希朗等人的繼承和發揚有了更大的發展。

由上可知，義相及其十大弟子、徒孫等師資相承，延續華嚴法脈，輩出眾多華嚴學僧，使得海東華嚴成為韓國佛教歷史上非常重要的一個宗派。

法藏推崇

法藏是中土華嚴宗的第三代祖師，也是創宗者，他的創宗活動完成於武則天執政時代。法藏不僅與海東華嚴有密切關聯，他的弟子高句麗僧審祥傳華嚴教義到日本，被視為日本華嚴宗始祖。

且說義相於西元六七〇年返回新羅之後專弘華嚴；儘管遠隔茫茫大海，他與大唐之間仍往來不斷，直到晚年都與長安的華嚴宗人保持著密切交流，同法藏的書信往來就是證明。

法藏曾托人致書義相，在信中道盡三十年的道情，並對義相推崇備至，尊義相為「海東新羅大華嚴法師」，並送上了自己的著作《華嚴經探玄記》，請義相審閱。

法藏在信中寫道：

唐西京崇福寺僧法藏，致書於海東新羅大華嚴法師侍者。一從分別二十餘年，傾望之誠，豈離心首，加以煙雲萬里，海陸千重，限此一生，不復再面，抱恨懷念，夫何可言！蓋由宿世同因，今世同業，得於此報，俱沐大經。特蒙先師授茲奧典，仰承上人歸鄉之後，開闡華嚴，宣揚法界無等緣起，重重帝綱，新新佛國。利益弘廣，喜躍增深；是知如來滅後，光輝佛日。愧荷先師，隨分授持，不能捨離；希憑此業，用結來因。但以和尚章疏，義豐文簡，致令後人多難趣人；是以具錄和尚微言妙旨，勒成義記。謹因勝詮法師抄寫，還鄉傳之彼土，請上任詳檢臧否。幸示箴誨，伏願當當來世，捨身受身，同於盧舍那會，聽受如此無盡妙法，修行如此無盡普賢願行。儻餘惡業，一朝顛墜，伏希上任不遺宿世，昔在諸趣中，示以正道人信之，次時訪存沒，不具。

法藏和南　正月廿八日

在書信的末尾，法藏說道：

《華嚴探玄記》二十卷，兩卷未成。《一乘教分記》三卷，《玄義章》等雜義一卷，別翻《華嚴經中梵語》一卷，《起信疏》兩卷，《十二門論疏》一卷，新翻《法界無差別論疏》一卷。已上並因勝詮法師抄寫將歸，今月二十三日，新羅僧孝忠師遺金九分，云是上人所寄，雖不得書，頂荷無盡。今附西國君持澡鑵一口，用表微誠，幸請檢領。謹宣。

在書信中，法藏表達了於義相的同門之幸和別後的思念之情，還表達了對義相學識的敬重和弘法成就的贊揚。從「已上並因勝詮法師抄寫將歸」這句話可知，法藏的這封信寫於武則天長壽元年（新羅神文王十二年，西元六九二年）。而此時的法藏五十歲，已知天命；義相六十八歲，年近古稀。接到同門師弟的來信，看到如此多之著作，義相心中的歡喜之情可想而知。因此，義相在收到法藏送來的著作後，立即掩室研讀十餘天。而後，令門人真定、相源、良圓、表訓等四人各講五卷，並說道：「博我者藏公，起予者爾輩。」

兩人之間的書信往來，成就了中韓佛教史上的一段佳話。

海東宗師

新羅文人崔致遠在《法藏和尚傳》中寫到「海表覺母，想（相）為始祖。」即海東的覺母，義相是始祖，實為對義相的最高讚譽！他入唐求法、廣開華嚴、修建道場以及培育後學等功蹟，被尊為海東一代宗師。

史書上記載：「凡弟子請益，義相則觀機逗教，隨疑釋結。於講席之餘，精勤修行，三衣一缽之外，別無長物，既為國王所敬。」

有一天，新羅國王想要賜給義相大量的田莊和奴僕，義相卻推辭不受，他對國王說道：

我法平等，無有高下，何奴僕之有？《涅槃經》中有八不淨財，何田莊之有？貧僧以法界為家，以缽盂為田，法身慧命藉此而生矣！

從此國王更加欽重義相。要知道，當時的新羅依然奉行嚴格的骨品等級制度，王公貴族、平民百姓各有不同，這與義相出生時並無多大差別。但是，義相則試圖通過闡明平等理念，來追求並希望實現佛陀所欲建立的平等社會。

再者，義相有志於建立一個平等的僧團，所以拒絕了國王布施田莊和奴婢，他的行為與以新羅首都慶州為首的保守派佛教教團大有不同。對於嚴持戒律的義相來說，積蓄奴婢、黃金、土地等「不淨物」，是使僧團墮落、染汙淨法的主要原因。唯有少欲知足、嚴持律儀，體悟到眾生平等，才是成就無上菩提的前提條件。

義相是大徹大悟者，但國王不是；他聽得懂，但是放不下、做不到。

少欲知足也就是知足常樂，這是一句古訓，也是人生的真諦，是一種適可而止的精神，但不是安於現狀，不思進取。諸葛亮「寧靜致遠、淡泊明志」，陶淵明「採菊東籬下、悠然見南山」，李白「做人不倚將軍勢，飲酒豈顧尚書期」。他們的言行蘊含著知足者的寬闊情懷，盡顯常樂者的怡然自得。

「知足」是一種智慧，「常樂」是一種境界。一個人，再怎麼有錢、有權、有名氣，到了生命的盡頭，也只不過是需要「一棺之地」安葬罷了。

縱觀歷史，義相和元曉都是活躍於西元七世紀的大思想家，是那個時代的傑出代表者，那是新羅佛教乃至整個韓國佛教歷史發展中最輝煌的階段。作為新羅佛教高僧中的佼佼者，元曉和義相兩人的經歷有同有異。

相同之處是，兩人都出生在貴族家庭，受過良好的儒家教育，且年少出家，並前後兩次結伴踏上入唐求法之路。

兩人的不同之處在於，元曉沒有選擇入唐求法，而是留在新羅自我鑽研，著重在國民的教化以及對佛典進行研究和著述。元曉是一個天賦極高的人，他雖未入唐求法，但其深厚的佛學修養震古鑠今。他一生著作頗豐，可以確認的著作大概有八十多部、兩百多卷，現存僅有二十部、二十三卷，其餘已經散佚。這些著作對漢傳佛教的影響至為深遠。

義相入唐求法十年，拜入華嚴二祖智儼的門下，與賢首法藏是同學。他跟隨智儼學習過程中的亮點，當屬《華嚴一乘法界圖》的撰述。這部著作是義相在智儼的晚年時代撰述的，並得到了智儼的認可而流傳，可視為義相繼承了智儼華嚴教學的標誌。

同時可以得知，《華嚴一乘法界圖》是在義相吸收中國佛教思想的前提下，在其入唐求法學習期間成果的集大成。義相在唐求學期間，他不只是在智儼的門下學習華嚴，還廣泛涉獵其他宗派之思想，並有不少往來；通過這些交流，成就了義相個人獨特的華嚴思想體系。

求學十載之後，義相選擇返回新羅弘揚華嚴，著重人才的培育與教團的發展。同時嚴於律己、修行精進。他留下的著作雖沒有元曉那麼多，卻被尊為「海東華嚴初祖」，盡顯一代宗師本色。

西元七〇二年，武周長安二年，新羅聖德王元年，仲秋。

浮石寺，義相示寂。

這一晚，月光如水般傾瀉，把山河大地妝點得銀白肅穆。

夜空中繁星點點閃爍，仁者歸於寂默。

這正是——

劫外春風吹寺門，一枝仙樹本無根；

榮生枯死令人惑，折取還為報佛恩。

影響

壹・義相的著作

法性圓融無二相，諸法不動本來寂。
無名無相絕一切，證智所知非餘境。

《華嚴一乘法界圖》

總章元年（西元六六八）七月十五日，義相向智儼呈上了自己入唐求學多年的學習心得《華嚴一乘法界圖》，得到了智儼的認可。《華嚴一乘法界圖》是義相在智儼晚年撰述的，智儼對義相提交的作業非常滿意，稱讚有加，這可以視為義相繼承了智儼華嚴教學的標誌。同時可以得知，《華嚴一乘法界圖》是在吸收中國佛教思想的前提下，義相於其入唐求法學習期間成果的集大成者。

《華嚴一乘法界圖》是義相唯一留傳下來的完整著作，我們可以依此分析義相的華嚴思想。其圖以二百一十字組成一曲折回環的盤狀印章，並形成三十句七言詩偈：

法性圓融無二相，諸法不動本來寂。
無名無相絕一切，證智所知非餘境。
真性甚深極微妙，不守自性隨緣成。
一中一切多中一，一即一切多即一。
一微塵中含十方，一切塵中亦如是。
無量遠劫即一念，一念即是無量劫。
九世十世互相即，仍不雜亂隔別成。
初發心時便正覺，生死涅槃常共和。

華嚴一乘法界圖

（林旭初製圖）

一	微	塵	中	含	十	初	發	心	時	便	正	覺	生	死
一	量	無	是	即	方	成	益	寶	雨	議	思	不	意	涅
即	劫	遠	劫	念	一	別	生	佛	普	賢	大	人	如	槃
多	九	量	即	一	切	隔	滿	十	海	仁	能	境	出	常
切	世	無	一	念	塵	亂	虛	別	印	三	昧	中	飜	共
一	十	是	如	亦	中	雜	空	分	無	然	冥	事	理	和
即	世	互	相	即	仍	不	衆	生	隨	器	得	利	益	是
一	相	二	無	融	圓	性	法	叵	際	本	還	者	行	故
一	諸	智	所	知	非	餘	佛	息	盡	寶	莊	嚴	法	界
中	法	證	甚	性	真	境	為	妄	無	隨	家	歸	意	實
多	不	切	深	極	微	妙	名	想	尼	分	得	資	如	寶
切	動	一	絕	相	無	不	動	必	羅	陀	以	糧	捉	殿
一	本	來	寂	無	名	守	不	不	得	無	緣	善	巧	窮
中	一	成	緣	隨	性	自	來	舊	床	道	中	際	實	坐

理事冥然無分別，十佛普賢大人境。
能仁海印三昧中，繁（翻）出如意不思議。
雨寶益生滿虛空，眾生隨器得利益。
是故行者還本際，叵息妄想必不得。
無緣善巧捉如意，歸家隨分得資糧。
以陀羅尼無盡寶，莊嚴法界實寶殿。
窮坐實際中道床，舊來不動名為佛。

這部著作可以說是義相學習華嚴並獲得其精髓的展現。不過，圍繞《華嚴一乘法界圖》的撰述，韓國學界還有幾種不同的見解，整理如下：

第一，《一乘法界圖圓通記》引用的《元常錄》認為，七言三十句部分是智儼所作，圖印部分及解釋是義相所作。

第二，《法界圖記叢髓錄》引用《法融記》之說，認為為智儼作了七十三印；但是，以一個印的樣子出現，是義相揣摩恩師的用意而作了一個根本印。

第三，義相先是撰述了《大乘章》十卷，後來「立義崇玄」，刪除了繁雜的部分，這是對智儼《搜玄記》之義的崇尚。智儼與義相一同走進佛殿祈禱，然後把著作付諸一炬只剩下二百一十個字，用這二百一十個字完成了三十句的法性偈。這是崔致遠撰寫的《義湘傳》中所記載。

第四，義相在撰述《法界圖》之後，聽從智儼的教導對其作了注釋，兩者合為一卷。

雖有以上各種不同的見解，但都一致認為義相撰述了某一部分或者解釋部分。成為問題的是七言三十句。《元常錄》中記為智儼所撰，但均如根據崔致遠的《義湘傳》提出了反對意見；他同時還根據《法界圖》作者的「義理據教，略制槃詩」，明確指出這就是義相的撰述。

圍繞《華嚴一乘法界圖》是否為義相的撰述有著諸般見解，但也很難否認此書與義相無關。即便是此書全都是由義相撰述的，也不能排除智儼對他的重要影響；因為，智儼曾創製七十三印圖，但於後世失傳；與之類似的印圖，唯有義相的《一乘法界圖》流傳甚廣。所以，可以把《華嚴一乘法界圖》視為義相入唐求法的集大成之作。

義相在智儼門下求學八年，一切知識的源頭來自於華嚴初祖杜順；經歷了代代相傳的華嚴真髓，在《華嚴一乘法界圖》中呈現出來。換句話說，義相雖然是個外國和尚，但他作為中國華嚴學繼承者的事實是無法否認的；事實上，他在至相寺學習期間，曾被智儼視為繼承者。對比後來把華嚴發揚光大的法藏，在義相返回新羅的那一年，即西元六七〇年，二十八歲的法藏才在東都洛陽的太原寺正式剃度，荷擔如來家業。

再者，義相入唐的大部分時間是在智儼門下學習華嚴，但這並不並是他學習的全部。義相的求學所在至相寺地處終南山，比鄰唐都長安。當時長安各種佛教宗派並存，各種思潮紛湧，可謂是佛教思想的大熔爐，宗派之間的交流、融合再自然不過。義相跟隨智儼學習華嚴時，也可以很方便地接觸到其他各種佛教思想。

當時與義相有著密切往來的是南山律宗祖師道宣律師（西元五九六至六六七年），為人熟知的是道宣律師請義相受天供的傳說。道宣律師比義相年長二十九歲，在義相入唐時已經六十六歲了；他於七十二歲圓寂，彼時義相年四十三，已經過了不惑之年。

從這則傳說中可知道宣與義相有所交往，亦可認為是道宣律師對義相所學華嚴的高度認可。從這個傳說，我們也可以得知義相在智儼門下求學的時候，並非只待在至相寺；如此一來，義相與道宣等當時各佛教宗派的思想家們往來也就很容易理解。

另外，有學者指出義相與禪宗有著一定的關聯；因為，智儼曾把與華嚴理論相近的各宗派理論，其中包含禪宗頓悟思想等，與華嚴思想做了異同梳理。智儼一方面對禪宗的「壁觀」、「一行三昧」等評價為具有實踐行的唯心說；另一方面，把禪宗的主張判定為「頓教三乘」，並強調「別教一乘」之華嚴作為無盡教而體現的終極思想。

不論如何說，禪宗思想對智儼思想體系的影響是客觀存在的，這可以從當時教團勢力處於上升階段的北宗禪人物老安（西元五八二至七〇七年）來到智儼與義相所在的終南山地區而推知。

日本學者石井公成則認為，義相所撰述的《華嚴一乘法界圖》中體現出禪宗思想，對晚年的智儼可能會產生相當的影響。這是因為在《華嚴一乘法界圖》中兩次出現的「寂而常用，用而常寂」的表達方式與北宗禪《大乘方便門》或者其他異本使用的句體相似；所以，這一點可以成為義相受到禪宗影響的證據。但是，「句體相似」可以只是構造相似而非內容相似；因此，義相具體受到禪宗的哪些影響還需要做進一步考察。

總地來說，義相在入唐求法期間，不只是在智儼門下學習華嚴，還廣泛接觸其他佛教宗派思想；經由這些交流，成就了其獨特的華嚴思想體系。義相的華嚴思想體系特質之形成，應該與其他宗派思想的影響有著一定關聯。

海東華嚴初祖義相曾經在小白山錐洞宣講《華嚴經》九十日，其門下弟子智通參加了錐洞九十日講會並做了聽講記錄，日後編輯整理成《錐洞記》兩卷。根據記錄可知，此書一直到高麗後期還能見到，但之後不見其流通的相關記錄，時至今日《錐洞記》已經佚失。

新羅時代的華嚴思想家首推元曉和義相。元曉所著的《華嚴經宗要》今已失傳，所以義相的《華嚴一乘法界圖》特別受到重視；韓國的課誦及佛教儀式中，至今仍必持誦《法界圖》中的〈法性偈〉。

《三國遺事．孝善第九．眞定師孝善雙美》中記錄了真定出家、聽講《華嚴》度母升天的故事：

法師真定，羅人也……母之訃音至，定跏趺入定七日乃起。說者曰：追傷哀毀之至殆不能堪，故以定水滌之爾。或曰：以定觀察母之所生處也；或曰：

> 斯乃如實理薦冥福也。既出定以後事告於湘，湘率門徒歸於小伯山之錐洞，結草為廬，會徒三千，約九十日講《華嚴》大典。門人智通隨講，撮其樞要成兩卷，名《錐洞記》流通於世。講畢，其母現於夢，曰：我已生天矣。

義相為了超度真定的母親而宣講《華嚴經》九十日，此外還舉行過太伯山大蘆房講會、浮石山四十日會、小白山錐洞九十日會等。義相的門下弟子對他講義內容的記錄和整理不在少數，多以記錄者或地名為書名；比如《道身章》是以記錄者的名字來命名，《錐洞記》、《錐穴問答》則是以地名來命名。

智通參加了浮石山四十日會，還在太伯山大蘆房聽義相講華嚴思想，得到了義相的認可並傳授給他《法界圖印》的精髓。於是就有了聽講錐洞九十日會而記錄《華嚴經》講義的《錐洞記》流通於世。《三國遺事．避隱第八》「朗智乘雲」條中寫道：

> 通到山之時，乃文武王即位元年辛酉歲也，計已一百三十五年矣。通後詣義湘之室，升堂睹奧，頗資玄化，寔為錐洞記主也。

《三國遺事・卷第四・義解第五》「義相傳教」條中有如下文句：

通著錐洞記，蓋承親訓，故辭多旨妙。

《錐洞記》也稱為《華嚴錐洞記》、《錐洞問答》、《錐穴記》、《錐穴問答》、《智通記》、《智通問答》、《要義問答》等。

高麗太祖（西元八七七至九四三年；在位時間：西元九一八至九四三年）的統治時代在韓國歷史上是前一個王朝——新羅崩潰，後來的新王朝——高麗誕生的過渡期；在佛教歷史上，正值新羅末期傳入禪宗（九山禪門），與教宗（華嚴、法相、法性、戒律、涅槃）對立的過渡期。

均如大師生活在這個時代，他繼承了義相的華嚴思想，將《法界圖》加以注釋說明，撰成《一乘法界圖圓通記》二卷。並立義定宗，化解各派分歧，闡揚華嚴。均如在其著作中分別引用《智通記》六次、《智通問答》六次、《錐洞記》一次。《三國遺事》中三次提到《錐洞記》；《高麗史》稱其為《華嚴錐洞記》，《宋高僧傳》中記為《錐穴問答》。在此書眾多的別稱中，「問答」

一詞出現多次；均如著作中引用的《錐洞記》，都是以問答形式出現。因為《錐洞記》是門中學人聽義相講義的筆記，所以有些部分難免詞不達意，同時還夾雜有方言詞彙等。對此，義天在《新編諸宗教章總錄》中曾說道：

錐穴問答等云云，但以當時集者未善文體，遂致章句鄙野雜以方言。或是大教教濫觴務在隨機耳，將來君子宜加潤色。

後來，李藏用（西元一二〇一至一二七二年）對此書內容進行了潤色，並以《華嚴錐洞記》的名稱流通。由此可知，《錐洞記》一直到高麗後期還有流傳；可惜以後不見流通的記錄，只是散見於均如的著作以及《法界圖記叢髓錄》的引用文句中。

一直以來，《華嚴經問答》深受日本華嚴宗的重視，同時也被現代學者們用以研究「性起」思想。對於此書的刊行和流通，日本一直在進行，代表性的有平安末期的古寫本，木板本有元祿十四年（西元一七〇一年）刊本以及光明寺板本流通。

大正藏中，《華嚴經問答》兩卷的作者記為法藏（西元六四三至七一二年），但此書不見於法藏的著作目錄以及中韓兩國的目錄類史料。圓超在其編撰的《華嚴宗章疏並因明錄》（西元九一四年）中也提到，此書的作者是法藏。此外，在九世紀左右，《華嚴經問答》或已經以《香象問答》的異稱於新羅流通。新羅僧侶見登，在其《華嚴一乘成佛妙義》中引用了《香象問答》；「香象」是法藏的號（日本多稱法藏為香象大師），《香象問答》應該就是指法藏的《華嚴經問答》。

日本僧侶增春在天曆年間（西元九四七至九五七年）撰寫的《華嚴一乘義私記》中，也引用了《香象問答》中的文句；不過，他卻沒有認同先德們的見解，而是提出了否定的主張，即此書並不是法藏的著作。由上可知，大約在十世紀中期，對於《華嚴經問答》的作者就已經產生了疑問。

凝然（西元一二四〇至一三二一年）在《五教章通路記》中指出，《華嚴經問答》是後人托名之偽作，他的原話如下：

> 此問答二卷題下云法藏撰，然文言卑拙，句逗雜亂，不似賢首常途章疏文言句逗。賢首大師所制文章簡而又要、精而又美，隨讀得意，隨解領旨。教章玄記，旨歸綱目，梵網戒疏門論疏皆此類也；至密嚴經疏，文言少異，四字成句，事無混濫，要妙精雅，中正冷焉。今此問答與彼相反，俚而又野，難言粗文。或賢首門人承師記之，如慈恩勝鬘疏等。然賢首弟子六英之中，惠苑、惠英、文超等師，不異宗家所制文言；餘之宏觀、智光、宗一，俱瑩金王，互飛風光，都不可有如是野言。或後人造之，借名宗家，用不任意，何勞會違。

他指出，法藏的文章「簡而又要，精而又美，隨讀得意，隨解領旨」；與此相反，《華嚴經問答》的文句「俚而又野，難言粗文。」但是，芳英（西元一七六四至一八二八年）對偽作說予以否認；其指出，《華嚴經問答》的文風所以不同，是因為其乃法藏早期撰寫的著作而導致的差異。到了近代，鎌田茂雄（西元一九二七至二〇〇一年）對《華嚴經問答》的引用書、用語等進行了探討，也認為此書屬於法藏的早期著作。

大約從上世紀八十年代開始，日本學界對於《華嚴經問答》的新羅成書問題又有了不同主張。吉津宜英（西元一九四三至二〇一四年）認為，《華嚴經問答》因為有智儼教學體系的明顯影響，推測此書可能是在新羅編撰而成。

石井公成通過對《華嚴經問答》文體的探討指出，此書有可能是義相弟子所記錄的問答筆記。《華嚴經問答》不僅在文體和用語上與義相的文風相近，更重要的是其包含很多義相的思想；由此可見，應當是義相的某位弟子所作的筆記。石井公成的這一觀點得到韓國學者的認同。

石井公成還指出，《法界圖記叢髓錄》中引用的《錐穴問答》文句與《華嚴經問答》中的「自體佛」相關部分基本上一致。但是他認為，《華嚴經問答》與《錐穴問答》雖然有很多類似之處，但是兩者「互為異本」之說則不好下定論；簡言之，兩者之間有緊密聯繫比較容易理解，但說《華嚴經問答》與《錐穴問答》互為異本則有些困難。因為，《錐穴問答》即《錐洞記》沒能流傳至今，只是在《法界圖記叢髓錄》或者均如的著作中略有引用而已；而且，除去引文中的一部分，其他的與《華嚴經問答》並不一致。

另外，針對義相的講經做筆記的不只是智通和道身兩個人。有關義相講義問答的記錄書籍還有幾部，這些在均如的著作或者《法界圖記叢髓錄》中都被稱為是「古記」或者「古辭」，不單純是對義相講經的記錄，也有義相直系弟子對《華嚴》的理解。所以，《華嚴經問答》還有可能是以上的綜合體。

在石井公成的研究基礎上，韓國學者金相鉉指出，《錐洞記》一文與《華嚴經問答》的內容基本上一致。《錐洞記》在均如的著作中被引用了十三次，《法界圖記叢髓錄》引用其三次，總計十六次；金相鉉還指出，《錐洞記》的逸文都包含在《華嚴經問答》之中。以下，便列舉《錐洞記》的逸文與《華嚴經問答》進行對比說明。（見左頁起表格一至九）

表格一至九中，《錐洞記》的文句都被均如引用。表一中的文句被均如引用在《釋華嚴教分記圖通鈔》卷一、二以及《十句章圓通記》卷下之中；《釋

《華嚴經問答》、《錐洞記》文句對照表

	《華嚴經問答》	《錐洞記》逸文
一	又疏中釋文 前約八教互成 約三教辨三次第意何耶 答 大意者 為顯此經內 一切教義等 無不攝故 謂佛始第二七日道樹中 臨大人說大法時 一切虛空法界一切微塵處一切微塵處一切十世九世前後時中 一切五乘三乘一乘無量乘機中 頓應說一切法門 所臨機衆生 各各隨應聞解行證 如是一切教義等 十十法門 頓同時顯現中 大機人 如是法門 見聞解行證 一處一切處中 一時一切時中 一根一切根 一行一切行 頓頓修行 乃至三界六道四生等因果法 皆無所殘 此經內在 （《大正藏》卷45，p.599a）	智通記云 又疏中釋文 前約八教互成 約三教辨三次第意何 答 大意者 為現此經內 一切教義等 無不攝故 謂佛始第二七日道樹中臨大人說大法時 一切虛空界一切微塵 微塵處一切十世九世前後時中 一切五乘三乘一乘無量乘機中 頓應說一切法門 所臨機衆生 各各隨應聞解行證 如是一切教義等 十十法門 頓同時現現 大機人 如是法門 見聞解行證 一處一切處中 一時一切時中 一根一切根 一行一切行 頓頓修行 乃至三界六道四生等因果法 皆無所殘 此經內在 （《韓國佛教全書》4，p.262c，76a～b，284b）
二	問 如是三乘一乘教等 皆此經內在者 皆十佛說耶 三身佛說耶 答 亦得皆十佛說 十佛外無別二身 故三身者 十佛用故 三乘即一乘故 此約一乘說 亦得隨教宗	智通問答云 如是三乘一乘教等 皆此經內在者 皆十佛說耶 答 亦得皆十佛說 以十佛外無別三身 故三身者 十佛用故 三乘 即一乘故 此約一乘說 亦得隨教宗三乘

	三乘教三身說 一乘教十佛說 見機不同故 一處一時 如來善巧無所不應故 三途衆生所聞教三途佛說 人天所聞教人天佛說（小乘所聞教小乘佛說 三乘所聞教三乘佛說）一乘所聞教一乘佛說 各各能化所化相當不乖違故 （《大正藏》卷 45，p.599b）	教 三身佛說 一乘教 十身佛說 機見不同故 一處一時中 如來善巧無所不應故 三途衆生所聞教三途佛說 人天所聞教人天佛說、…………………… 乃至一乘機所聞教一乘佛說等各各能化所化相當故 （《韓國佛教全書》4，p.4）
三	地獄人等 彼光即生兜率天聞空聲即得十眼十耳等大功德 （《大正藏》卷 45，p.601a）	智通記云 地獄人等 被光即生兜率天聞空聲即得十眼十耳等大功德 （《韓國佛教全書》4，p.348a）
四	問 若實惡業所受者 凡夫位自所造之業 受地獄苦 由佛光大 故令出得 大功德 何有取退大人等乎 答 若爾 何人 令不出苦 而其中有限苦者 必有深善根人等 令出苦也 （《大正藏》卷 45，p.601a）	智通記云 若實惡業所受者 凡夫位 自所造之業 受地獄苦 由佛光大故令出得 大德 何有過敢退大人等乎 答 若爾 何人 令不出在 而其中有限在者 必有深善根人等 得出在也 （《韓國佛教全書》4，p.350a）
五	問 自未來佛還化自現在者以何文知乎 答 瓔珞經中第八地菩薩云自見己身 當果諸佛摩頂說法故 已其說灼然可知 又既諸經經每云	錐穴問答云 問 自未來佛還化自現在者以何文知乎 答 瓔珞經第八地菩薩云 自見己身 當果諸佛摩頂說法故 則聖說炳然可知 又

三世佛拜故 諸罪業滅
未來諸佛者何為乎也
問 此他已成佛拜 何為自
未成佛乎
答 拜他佛之義非無 而遠
緣非近緣 所以者何 泛
諸佛為衆生說佛德 意
為欲令衆生自亦得彼
果 故令修行 是故衆生
證自當來所得之果德
為欲得彼故不惜身命
修行 非為得他佛果故
修行 是故正今吾令發
心修行 佛但吾當果已
成佛 非他佛也 此義不
疑怪也 又有他已成佛
即是自當果佛 所以者
何 他成佛時即得三世
佛平等果故 又吾當果
佛即是他今成佛 所以
者何 吾得當佛時 即得
三世佛平等法故 如是
展轉更互平等 平等無
差別果德（皆化今吾
令修行 其義亦非無故
也 或今吾身全體如來
藏佛等是也 今吾即緣
吾性佛 以即是而不知
故悲怪發 至心修行欲
返迷 是故其觀化吾佛
即是吾體佛非 遠求他
佛 此義其正觀行者大
要也） 又此吾性佛者
即於一切法界有情非
情中全全即在 無非一
物吾體佛故 若能拜自

既諸經云 三世諸佛拜敬
故 諸罪業滅未來諸佛者
何乎
問 此他已成佛拜義 何為自
未成佛乎
答 拜他佛之義非無而遠疏
所以者 凡諸佛為衆生說
佛德 意為欲衆生自亦得
彼果 故令修行 是故衆生
望自當來所得之果德 為
欲得彼不惜身命修行 不
為得他佛果故修行 是故
正令吾發心修行 佛但吾
當果已成佛 非他佛也 此
義不疑怪也 又他已成佛
即是自當果佛 所以者何
他成佛時即得三世佛平
等果 又吾當果佛即是他
今成佛 所以者何 吾得當
果佛時 即得三世佛平等
法 故如是轉展更互平等
平等無差別果德（……
…………………………
…………………………
…………………………
…………………………
…………………………
…………………………
…………………………
…………………………
…………………………
…………………………
…………………………
…………………………
………）又此吾佛 於一
切法界有情無情中 全全

	體佛者 無物不所拜 此亦甚大要也 常可思惟之 （《大正藏》卷 45，p.604c ～ 605a）	即作在 無一物非吾體佛故 若能拜自體佛者 無物不所拜 此甚大要 常可思之 （《大正藏》卷 45，p.759）
六	第十隨順無所有盡觀者（此觀有無一相不相妨礙如陽炎水濕乾 竝顯順觀隨順有觀即以三空門 逆觀隨順無所有 盡觀無所有即空理 所隨順盡即盡順俗盡 於空更無攝法 全即是空理故為盡） 此即因緣法盡於自如也 即俗事離分別之際 自此去所即是移眾庶盡癡顛倒 即此甚深法 隨舉一盡攝一切 無盡自在緣起法 正十數所顯普法 緣起道理也 （《大正藏》卷 45，p.606a）	錐穴記 第十觀云（……） 此即因緣盡於自如也 此即俗諦離分別之際 自此去所即是初最麤愚癡顛倒 即此甚深法 隨舉一盡攝一切 無盡自在緣起法 正十數所現普法 緣起道理也 （《大正藏》卷 45，p.750a）
七	問 見聞等三位 普法正位耶不耶 答 不也 但從三乘位 作如是說耳 若普法正位 即無位無不位 一切六道三界 一切法界法門 皆無不普法位 又一位一切位 一切位一位 如位法門 一切行教義等法門 皆爾 可思 問 若爾者 普法中 以何為始乎 答 得一法門以為始 此始即與終無差別始也 （《大正藏》卷 45，p.607b）	智通記云 見聞等三位 普法正位耶 答 不也 但從三乘位 作是說耳 若普法正位 則無位無不位 一切六道三界 一切法界法門 皆無不普法位 又一位一切位 一切位一位等 如位法門 一切教義等法門 皆爾 問 若爾 普法中 以何為始 答 得一法門為始 此則與終無別始也 （《韓國佛教全書》4，p.351b，157c，354c，《大正藏》卷 45，p.751b）

八	若入一乘機熟 如來一代中皆在此會 （《大正藏》卷 45，p.611c）	智通問答云 若入一乘機熟 如來一代中說皆在此會 （《韓國佛教全書》4，p.290c）
九	問 善財值知識時 所聞法門皆如聞得證耶 聞以後修行方得耶 答 隨所聞法聞即得證也 問 若爾 既得法門因緣得益中 明過去無量劫中 值諸佛聞法供養等諸行修方得此法門 善財今方但聞所說法門耳 非修行無量劫行 云何得乎 答 已得此法門 即入法性 入法性即自他無二 三世無前後故 善知識所得因果自利利他法門 即是善財自行成故 隨所得法門其因果前後之法 皆自無不行 得法不移一時 而即成無量劫 隨所聞法門無量劫中修行以得 豈不修有得果之義乎 問 若隨所值知識同因行發心時節者 諸知識聞法皆可齊同 何故諸知識發心值佛修行時節 皆不同耶 答 欲顯法不同故 如是示現耳 諸不同 皆由同方不同耳 准可思也 （《大正藏》卷 45，pp.611c～612a）	智通問答云 善財值知識時 所聞法門 皆如聞得證耶 聞以後修行方得耶 答 隨所聞法即得證也 問 若爾 得法因緣問答中 明過去無量劫 值諸佛聞法供養等諸行修行 方得此法門 善財今方但聞所說法耳 非謂修行無量劫行 云何即得乎 答 既得此法 即入法性 法性自他無二 三世無前後故 善知識所得因果 自利利他法門 即是善財自行成故 隨所得法門 其因果前後之法 皆自無不行 得法不移一時 而即成無量劫 隨所聞法門無量法門無量劫中修行得 豈不修有得果之義乎 問 若隨所值同因行發心時節等者 諸知識 皆可齊同 何故諸知識發心值佛修行時節 皆不同耶 答 欲現法不同 如是示現耳 諸不同 皆由同方不同耳 （《韓國佛教全書》4，p.157a～b， 97c～98a）

華嚴教分記圖通鈔》卷二中沒有直接引用相關文句，而是對其內容作了簡單的編輯。表七中的文句出現在《釋華嚴旨歸章圓通鈔》卷下一次，卷四兩次，《法界圖記叢髓錄》也引用了一次，共計被引用四次。《釋華嚴教分記圖通鈔》上下卷分別引用了表九中的內容各一次。除去均如著作中重複引用《錐洞記》的內容，總計有十回、一千三百七十餘字與《華嚴經問答》的文句一致。

在現存的五種均如的著作中，除了《華嚴經三寶章圓通記》，其餘四種著作都引用了《錐洞記》的文句，可見均如對於《錐洞記》的重視程度不亞於《道身章》。《法界圖記叢髓錄》

均如引用《錐洞記》文句的次數整理如下：

	著作	引用次數
一	《釋華嚴教分記圓通鈔》	七
二	《釋華嚴旨歸章圓通鈔》	三
三	《一乘法界圖圓通記》	一
四	《十句章圓通記》	一

中也三次引用了《錐洞記》的文句，分別是表五至七中的內容。

通過前面的比對可以看出，《錐洞記》文句與《華嚴經問答》幾乎相同，不同之處就是兩書之間存在一些異體字，但這屬於可以忽略的方面。《華嚴經問答》根據其版本的不同，文字也有很多差異。收錄在《大正新修大藏經》卷四十五的《華嚴經問答》，是以日本平安末期古寫本小野玄妙所藏本為底本，將其與元祿十四年刊本的大谷大學所藏本比較，也會發現不少異體字。

通過以上對比，基本上可以確定《華嚴經問答》就是《錐洞記》的異本。但還有一個疑問：基於什麼原因，《華嚴經問答》被認為是法藏的著作而流通？

從題目來看，《華嚴經問答》與《錐洞記》似乎沒有明顯的關聯。記錄義相講說《華嚴經》內容的筆記被稱為《華嚴經問答》，不知何故和法藏聯繫在一起。如前所述，見登以《香象問答》為書目名稱引用了《華嚴經問答》；由此可以推測，八、九世紀時大都認為《華嚴經問答》是大唐法藏所作。

當時在新羅流通有《錐洞記》，為什麼內容相同的書還會被認為是他人的著作呢？吉津宜英認為，也許此書在編撰時也引用了法藏的著作。但根據石井公成的研究，《華嚴經問答》中不見法藏思想體系的影響，應該是後人因為沒有撰者或題目的筆記，而錯認為是法藏所作。不論如何，在八世紀中葉的新羅華嚴學界受到法藏華嚴觀的影響逐漸擴大，這可從見登的著作中沒有引用義相的觀點而得到旁證。

義相的《華嚴一乘法界圖》是他的華嚴思想之集要，在中國華嚴思想發展史上有其重要的地位，在韓國佛教歷史上也占有非常重要的比重。可惜，他的著作除了《華嚴一乘法界圖》外大都失傳，給後代的韓國佛教研究者帶來不小的困難。

在這種情況下，日本學者石井公成提出的《華嚴經問答》是新羅撰述一說，為韓國學界開啟了一扇窗戶，讓學者得以一窺其奧；韓國學者金相鉉在贊同石井公成提出的見解之上，也進行了一番考證，更加證實了這一說法。這對欲瞭解智儼以及義相華嚴思想的當代學者，又提供了重要的參考觀點與資料。

貳・義相的華嚴思想

我法平等，高下共均，貴賤同揆。……貧道以法界為家，以盂耕待稔，法身慧命藉此而生矣。

法界緣起

「佛陀覺悟了什麼」與判教的建立

當年佛陀經過六年的苦行，知非即捨，在菩提樹下悟到「緣起性空」的宇宙真理法則，萬法因緣合和而成，都是相依相緣而存在的，沒有單一性、實在性、永恆性的事物。「諸行無常、諸法無我、涅槃寂靜」三法印是佛法的根本特質，唯有三法印才是佛法的根本依據。

在外道思想眾多的當時，諸如創造論、決定論、偶然論等影響著眾人的世界觀和人生觀，佛陀提出的緣起論可說總結了以上種種觀點。當然，佛陀所講的緣起不是一般人所容易理解的，觀照自我並證悟無我、無常也非易事。

流轉三界眾生皆苦，總在生死。佛陀成道，悟得有情之流轉生死，皆由無明為緣，造業受果而輪轉不息。觀其迴圈的因果關係，不出十二緣起，即：無明、行、識、名色、六入、觸、受、愛、取、有、生、老死。緣起偏重因義，如《俱舍論．卷九》云：

> 諸支因分，說名緣起；由此為緣，能起果故。

若依大乘義，即無明等一一支各各別法，依自種子為因生起自法現行，說名緣起。《瑜伽師地論》第十卷中以五義釋緣起：

> 由煩惱繫縛往諸趣中數數生起，故名緣起。復次，依託眾緣速謝滅已，還和合生，故名緣起。復次，眾緣過去而不捨離，依自相續有得生起，故名緣起。復次，速速謝滅，復相續起，故名緣起。復次，於過去世覺緣性已，等相續起，

故名緣起。如世尊言，我已覺悟，正起宣說，即由此名輾轉傳說，故名緣起。

緣起、緣生、因緣、十二因緣等皆是顯示無我：緣起顯無我理，緣生顯無我相，因緣、有支等兼顯無我理和無我相。所以，佛陀說十二緣起的道理，主要就是顯示有情的流轉生死，並沒有主宰、自在、固實的我體和外道所計的作者、受者，唯是煩惱、業行、苦果相依迴圈的因緣而已。

佛陀因為緣起法而圓證佛果，緣起法中的「緣」是因緣、條件的意思，「起」是生起或出現的意思；緣起法是「因緣和合而起」之略稱，一切事物皆依因緣條件而生起或出現之理論。換言之，宇宙間的一切諸法（有為法），皆為種種條件（即因緣）和關係的組合。

依《華嚴經》所說，法界緣起是萬法相互融通，以一法成一切法，以一切法起一法，主伴具足，相入相即，圓融無礙而重重無盡。

諸法既是因緣所生，自然空無自性，無自性便無法自我主宰，所以說「無我」。若能正觀緣起的諸行無常、諸法無我，就能通達無礙，遠離一切愛欲、煩惱。煩惱是繫縛眾生，使眾生不能解脫自在的最大障礙；煩惱既除，當然就能獲得生命的解脫。

對於諸法無自性，龍樹（西元一五〇至二五〇年）主張「諸法實相論」：一切有為法只是因緣和合所生的現象，沒有常住不變、單獨存在的自體。例如，眾木聚生而為林，「林」只是個假名，除眾木外，別無自體；無自體也叫做「無自性」。

《中論・觀因緣品》云：

> 如諸法自性，不在於緣中；以無自性故，他性亦復無。

一切眾因緣和合的事物，都是無自性的，若說某一事物有自性，就不能說它是眾因緣和合而生的。從一切事物是因緣和合而起的緣起論立場看，自性實有的命題是根本不能成立的。《十二門論》開宗明義第一偈也說：

> 眾緣所生法，是即無自性；若無自性者，云何有是法。

《中論・卷四》則云：

未曾有一法，不從因緣生；是故一切法，無不是空者。

其意為：一切事物都是因緣和合而生；既然是眾緣所生，就是無自性的，也就是空的。

所以龍樹說：「因緣所生法，我說即是空；亦為是假名，亦是中道義。未曾有一法，不從因緣生；是故一切法，無不是空者。」空與有在因緣所生法上是統一的，因此世俗諦與第一義諦是二而不二的；這便是「不壞假名而說實相」的道理，這也便是龍樹的「中道義」。

「法界緣起」是華嚴宗的中心教義，也稱「無盡緣起」、「性起緣起」。如來藏體為真如，若更有所生即非真如；而如是一切萬法為由一如來藏變現者，則論其萬法互相融通，可為一大緣起，此即稱「法界緣起」者也，緣起之義理即窮極於此，乃為華嚴一宗之特色。

具體而言，法界緣起即謂法界之事法，無論有為無為、色心依正、過去未來等，盡成一大緣起，而無任何單獨存在者，故以一法成一切法，以一切法起一法。就諸法之勢力而言，具有一（一法）多（一切法）相入之義；就諸法之體性而言，具有一多相即之義。華嚴宗乃以此相入相即之妙義，闡釋法界萬有相融無礙之極理者也。

新羅佛教與「緣起」

在北傳和南傳佛教的文獻中，都有舍利弗、目犍連聞偈悟道、皈依佛陀的記載。某一天，舍利弗遇到佛陀的大弟子、最初五比丘之一的馬勝尊者，被尊者托缽時安祥、莊嚴的神態所吸引，趨前請問。當他得知尊者是大沙門喬答摩的弟子時，十分渴切地想要瞭解佛陀的教法，因此請求尊者無論如何也要告訴他一些佛陀教義的心要。馬勝尊者便對舍利弗說了一則偈頌，就是後來佛教經典經常引用的「緣起偈」，又叫「法身偈」：

諸法從因起，如來說其因；大沙門如實，亦說彼還滅。

此緣起偈在大乘佛教興起後更廣為流行。因其顯示了佛法核心的緣起解脫思想，被視作佛的法身體現，稱為「緣起咒」、「法身偈」，並以此法頌安置於塔基、塔內或佛像內，在密咒法中用緣起咒加持，能令所誦真言如實成就。

緣起法頌安置於塔內的儀軌也傳到了新羅。一九七八年七月二十八日，在韓國慶州的皇龍寺遺址進行了一次考古發掘，出土了刻印在兩片銀板上的《諸法因緣生》之經文。而在一九八六年的錫杖寺遺址發掘過程中，又發現了刻在磚塊上的緣起法頌。

慈藏在唐貞觀十年（西元六三六年，新羅善德女王五年）入唐求法，在五臺山求法時於太和池的文殊石像前祈禱而感得四句偈：

了知一切法，自性無所有；如是解法性，即見盧舍那。

這個偈頌其實是于闐國三藏法師實叉難陀在唐武後證聖元年（西元六九五年）於東都大內遍空寺譯出的八十卷《華嚴經》第十六卷的〈須彌頂上偈讚品〉中的偈頌。由此可知，此處的「慈藏得文殊菩薩感應偈」的記錄帶有一些傳說色彩。

但就偈頌的內容來說，也是有關緣起的，「自性無所有」或者「諸法因緣生」都是針對緣起而言。雖然慈藏得文殊菩薩感應是一傳說，但緣起法傳播到新羅、對於朝鮮半島的佛教發展產生的影響則不容忽視，成為以後修建皇龍寺九層塔安置緣起法頌等的緣由。隨著塔中安置緣起法頌，緣起法在新羅社會中也廣泛流傳，新羅華嚴學僧中亦對因陀羅網有一番議論。

因陀羅網又稱為天帝網、帝網（因陀羅，梵語 Indra，為帝釋天之名）為帝釋天之寶網，乃莊嚴帝釋天宮殿之網。網之一一結皆附寶珠，其數無量；一一寶珠皆映現自他一切寶珠之影，又一一影中亦皆映現自他一切寶珠之影，如是寶珠無限交錯反映，重重影現，互顯互隱，重重無盡。

《華嚴經》以因陀羅網譬喻諸法之一與多相即相入、重重無盡之義；若依境而言，稱為因陀羅網境；依定而言，稱為因陀羅網定；依土而言，稱為因陀羅網土，此皆為顯示事事無礙圓融之法門。由此可知，新羅佛教界對於無盡緣起的探討背景與華嚴學的發展不無關係。

義相對「緣起」的理解

《華嚴經》中說一萬億個三千大千世界組成一個「華藏世界」，而華藏世界也只是大雪海遍照佛手心的一個微塵而已。《華嚴經》還指出，在無邊的世界中有世界名為「普照十方世界種」，上持二十重華藏世界，即有二十層結構，其中第十三層共包括十三個佛剎微塵數的世界在內，我們所處的娑婆世界以及阿彌陀佛的極樂世界皆是這第十三層之中的一塵而已。在「普照十方世界種」周圍還有無垢世界種、因陀種、法界種、廣大種、善建種、恆出種等無邊無際的世界種，一一種上，各有二十重華藏世界次第安立。

《法界圖記叢髓錄》中有云：

道身章云，相和尚曰：一微塵中含十方世界者，同是無住故爾。元師問云：

微塵無住小，十方世界無住大耶？答：一量也。問：若爾何言塵小、十方世界大耶？答：微塵與十方世界各無自性唯無住耳，所言塵小、世界大者，是須處須耳。非是小故云小、大故云大，所謂不知塵小、世界大，機中令知塵小、世界大故，且說塵小、世界大耳，非是一向塵小、自性世界大自性矣。亦得云塵大、世界小，道理齊一，無住實相也。

此外，義相還在《法界圖記叢髓錄》中說明「緣起無性」，原文如下：

道身章云，若定自古則緣起有性不得自在。所謂緣起者無性，無性者無住，無住者不偏於一，不偏於一者無所不當。問：如是等理豈不自古？答：三乘中先置一法此法隨緣，一乘不爾。緣即是法，緣外無隨緣之法；既云自古，即知是今緣起故爾。若定住古又定住今，非緣起；故可云緣起法以無性為真性矣。

以上說明了義相對於緣起法的理解。他認為緣生法無自性，所以無住，從而歸屬中道。有關緣生法的相關見解，還引用了龍樹的觀點：

一切緣生法無有一法定有自性，無自性故即不自在，不自在者即生不生、不生生，不生生者即是不住義，不住義者即是中道義，中道義者即通生不生。故龍樹云：因緣所生法，我說即是空；亦說是假名，復是中道義。即其義也。中道者是無分別義，無分別法不守自性故，隨緣無盡亦是不住。

無分別義是什麼？無分別義就是中道。《涅槃經》云：「中道者，名為佛性。」一切有為、無為法，唯無真實者也。如是，入於一切假立為法者唯無，全乃假立而無他事，是故當自入於作離分別、尋思、無戲論、成一性之意；無造作故，當極明修、住於即彼真實性。寂用一相、等如虛空。

義相撰寫了《華嚴一乘法界圖》，其中並沒有留下自己的名字，以此來說明對「緣」的理解，並在文章最後作了說明：

一乘法界圖合詩一印，依《花（華）嚴經》及《十地論》，表圓教宗要。總章元年七月十五日記。問：何故不著集者名字？答：表緣生諸法無有主者故。又問：何故存年月名？答：示一切法依緣生故。

韓國學界發現《華嚴一乘法界圖》中沒有著者記載的是金昊成，他在其論文中藉由近代學者羅蘭・巴特（Roland Barthes）的理論與義相進行了比較說明。對習慣於實體論式思考方式的西方人而言，通過文字使得作者和讀者產生共鳴的認識，義相早在一千三百多年前就已經知曉並運用在了他的著作當中。

《十句章圓通記》中有：

道身章云，儼師遷神十個日前，學徒進所問訊。師問大眾曰，經中一微塵中含十方世界，與無量劫是一念等文。汝等作何物看。眾人白云，緣起法無自性，小不住小，大不住大，短不住短，長不住長，故爾耶，浮矣見耳。師曰，然之然矣，而猶生白，云何謂。師曰，莫須多道，只言一故云。

千言萬語都不需要，做好一個就好。如實實踐智儼教導的義相雖然學習了《華嚴》，但是並沒有留下任何長篇的著作，這點與韓國的其他高僧——如元曉——等不同。法性偈只有短短的七言三十句兩百一十字，卻縱觀三界、橫遍十方。

《宗鏡錄》中寫道：

東國義相法師釋《華嚴經》云，當知此一部《華嚴經》，雖七處九會，而唯在〈十地品〉。所以者何。以根本攝法盡故，雖在十地不同，而唯在初地。何以故。不起一地，普攝一切諸地功德故。一地中雖多分不同，而唯在一念。何以故。三世九世，即一念故。一切即一故，如一念，多念亦如是。一即是一切，一念即多念。陀羅尼法，主伴相成。一即為主，一切為伴。隨舉一法，盡攝一切，乃至一文一句，盡攝一切。何以故。若無此，彼不成故。陀羅尼法，法如是故。經云，如來於一語言中，演出無邊契經海。

義相所寫〈法性偈〉中的文句「一微塵中含十方，一念即是無量劫。」以及《一乘發願文》中的「諸惡一斷一切斷，諸善一成一切成」。都是對陀羅尼法理解和說明。

緣起作為佛教的基本教理，還體現了人人平等的觀念；佛陀當時的僧團雖然出身不同，但都在同一個制度下平等共住。一切生命本來平等。包括天地萬物、有情無情，無一例外；因為其法性平等，法理一如，同根同源，一多不二。

新羅是個嚴格的身分制社會，骨品制度是當時人身分的區別標注和生活行動的準則，是整個社會國家運轉的基本規則。出家前的義相是真骨貴族，但是出家後這種身分對他而言成了無用之物。他並沒有對貴族階層表現出特別的感情，反而主張身分平等之說。義相在浮石寺講說《華嚴》時，國王因為尊敬他的學識和修為準備賜給他良田和奴隸，但義相拒絕了國王的好意，並說道：

我法平等，高下共均，貴賤同揆。《涅槃經》八不淨財，何莊田之有，何奴僕之為？貧道以法界為家，以盂耕待稔，法身慧命藉此而生矣。

義相向國王強調佛教主張貴賤平等，並拒絕了國王的恩賜，這在當時一個以骨品制度為基礎的國家需要何等的勇氣！義相認為的平等思想基礎則是來自於對華嚴緣起觀的理解。義相的十大弟子都被後人尊為聖者，他們的身分各異，智通和真定的都是奴婢出身，並不是貴族。

新羅時代，華嚴思想受到貴族階層的歡迎，成為新羅中代專制王權的思想基礎。「一中一切多中一，一即一切多即一。」把宇宙萬象歸結為一，義相所理解的華嚴思想成為當時統治階層的總和思想，與其出身貴族有關；但是，義相本人強調佛教的平等思想並切身實踐，對此統治階層並不認同。這些都不影響其在海東華嚴發展中的作用和地位。

從判教觀點出發的修行觀

義相在《法界圖記叢髓錄》的開篇就說明了撰寫《法界圖記叢髓錄》的目的，並具體闡述「一乘普法」的觀點，祈願十方世界眾生一時成佛：

> 夫大聖善教無方，應機隨病非一；迷之者守跡，不知失體。勤而歸宗末日，故依理據教，略制盤詩；冀以執名之徒，還歸無名真源。

依照這一段文句的說明，觀察、學習並實行「一乘普法」，一切眾生則可以通過這一善根功德回向並成佛。為了完整理解義相的修行觀，首先對「一乘普法」的判教體系進行一番明確的探討。

義相的師父智儼在其著作中提出了基於漸教、頓教、圓教的「三判教」觀點，以及基於小乘教、始教、終教、頓教、圓教的「五判教」、「同別二判教」等各種判教說。此處，與修行相關的重要判教觀點是智儼的「同別二教」說。

對於智儼的這種判教觀點，義相在他的《華嚴一乘法界圖》中的很多地方也有所體現，特別是為了突出「別教一乘」的修行觀，他給出了依照各種判教觀點修行觀的立場。

理解義相的判教體系，需要從如下三個方面去考察。第一，佛之教法——圓教一乘；第二，眾生之根機；第三，綜合前兩點的、建立在中道同別二教說基礎上的判教。

首先，就《法界圖記叢髓錄》中有關「圓教一乘」的文句來考察第一點：

何故一道無有始終，現示善巧無方，應稱法界。十世相應、圓融滿足故，即是義當圓教。（大正藏四五，No.1887B，卷上，p.731 上）

依三乘方便教門故高下不同，依一乘圓教故無有前後等。（大正藏四五，No.1887B，卷上，p.731 上）

問：此義當頓教宗，何故此問說？

答：如上說，說與不說等無差別，何以故？總是實德故，無有妨難，且護分別故順三乘說，蓋是智者勝妙能也。（大正藏四五，No.1887B，卷下，p.743 上）

答：三乘方便法焉，圓教一乘法，法用逗留各別，不得雜用，其義云何？三乘法者頭腳各別，阿耶兒子年月不同，何故如是？約相說故，生信心故。圓教一乘法者頭腳總一，阿耶兒子年月皆同，何以故？由緣成故，約道理說故。（大正藏四五，No.1887B，卷下，p.755 上）

問：所以得知自三乘以外，別有圓教一乘分齊。（大正藏四五，No.1887B，卷下，p.755 上）

一道沒有始終，依圓教而成之法顯現道理；善教無方，所稱合法界，十世相應，圓融滿足。十玄門與一乘圓教、頓教相應；如果不能達到，則對應三乘漸教。根本、枝末互相依憑，名義互為客，能化所化即為頓教宗旨。

智儼根據眾生的根機，給出小乘、三乘、一乘的分派。與《法界圖記叢髓錄》比較可以看出，有「一乘三乘之分別觀」以及「依三乘現一乘之觀」。先看一下有關「一乘、三乘之分別觀」的文章：

何故多有盤回屈曲？以隨眾生機欲不同故，即是義當三乘教。（大正藏四五，No.1887B，卷上，p.731 上）

何故字中多有屈曲？現三乘根欲差別不同故。（大正藏四五，No.1887B，卷上，p.731 上）

問：三乘教中亦有寂而常用，用而常寂，如是等義。何故上云遍即理門，不即事中不自在耶？

答：理事相即故有如是義，非謂事事相即，何以故？三乘教中欲治分別病，會事入理為宗故。（大正藏四五，No.1887B，卷下，p.755 上）

依三乘方便教門故高下不同。（大正藏四五，No.1887B，卷上，p.731上）

上來所明者，唯現示一乘陀羅尼大緣起法。亦可論一乘無礙，辯才體非三乘分齊。（大正藏四五，No.1887B，卷下，p.755上）

問：一乘三乘分齊別義，因何得知？

答：且依十門即知也。（大正藏四五，No.1887B，卷下，p.755上）

圖印之所以盤回屈曲，是因眾生根機而有不同，現理事平等，故一視同仁。一乘即是生起一乘陀羅尼緣起法，展現一乘無礙的大體，與三乘區分，依託在十門。有關「依三乘現一乘之觀」的論據如下：

何故有四面四角？彰四攝四無量故，此義依三乘現一乘故，印相如是。（大正藏四五，No.1887B，卷上，p.731上）

今且約印像，以明六相，示一乘三乘主伴相成現法分齊。（大正藏四五，No.1887B，卷上，p.731上）

歸家者證本性故。家者何義？陰覆義、住處義故，所謂法性真空覺者所住故，

名曰為宅。大悲善巧，陰覆眾生，名曰為舍。此義在三乘，一乘方究竟。（大正藏四五，No.1887B，卷下，p.743 上）

五十四角之圖形輔以注釋，說明《華嚴經》與《十地經論》所述之圓教要旨。圖印的四面四角依三乘而現一乘，此一乘之意部分包含在三乘的方便法中。

修行方便部分中，修行者是指見聞到以「別教一乘」為基準的一乘普法之後，還沒有完全證悟的狀態。而且，以「方便一乘」說為基準，闡述一乘的所流、所目之五乘。

這裡的方便論是指以本智為基準的，不滿足於固守現狀的一種方便說。尚未證悟一乘普法的修行者，在緣起中是無我的存在，因為無我而與一切諸法相依相關。

第三，智儼指出，在佛的教法方面，獲得漸、頓、圓等三教教化的眾生之根與小、三、一乘之關聯，從而有「同別二教說」，原文如下：

所謂總相者，義當圓教；別相者，義當三乘教。如總相別相、成相壞相等，不即不離，不一不異，常在中道。一乘三乘，亦復如是。主伴相資，不即不離，不一不異；雖利益衆生，而唯在中道。主伴相成，現法如是。一乘別教，三乘別教，准義可解。（大正藏四五，No.1887B，卷上，p.731 上）

隨順觀世諦即入第一義諦，是其事也。此義在三乘，亦通一乘。何以故？一乘所目故，若約別教一乘，略說十門。（大正藏四五，No.1887B，卷下，p.743 上）

若約三乘方便教門合有此義，若依一乘如實教門不盡其理。理事冥然一無分別，體用圓融常在中道，自事以外何處得理。（大正藏四五，No.1887B，卷下，p.755 上）

若依別教一乘，理理相即，亦得事事相即，亦得理事相即，亦得各各不相即，亦得何以故？中即不同故。（大正藏四五，No.1887B，卷下，p.755 上）

上十門玄並皆別異，若教義分齊焉此相應者，即是一乘圓教及頓教攝。若

諸教義分齊與此相應而不具足者，即是三乘漸教攝，如是知也。（大正藏四五，No.1887B，卷下，p.755上）

以印像為基準說明六相，一乘三乘是主體和伴侶關係進而顯現總相，此當屬圓教，別相之意則屬三乘教。如同圓教與三乘教一樣，一乘三乘、一乘別教與三乘別教也是不即不離、不一不異的六相圓融之關係，均利益眾生，只有在中道上才呈現出主體與伴侶之分。六相說並沒有止於「同教一乘圓教」，而「別教一乘圓教」則成為華嚴之緣起說。

一乘法界用六相圓融、十玄緣起無礙之意來說明，其中有「起而不起」的真性緣起和「不起而起」的法性緣起。智儼在《孔目章》中，為說明別教一乘與同教一乘的設立而付出很多努力；義相則是在說明同教一乘的同時，解釋為別教一乘之圓教。

《一乘法界圖》序文中的「大聖善巧無方」，可以理解為是從別教一乘的觀點來解釋，「應機隨病非一善教」則是從眾生根機的方面、方便一乘之同教一乘的觀點來說明。

其結果可以說，義相繼承了智儼的判教說，並通過「法」與「機」，引導修行者朝向別教一乘之圓教。

一乘法界觀

一乘法界是指包括「法性性起」與「真性隨緣之法界緣起」的世界，即法性與法界的意義及相互關係，成為「華嚴觀行」根幹之基礎。義相在繼承了智儼的法界緣起思想的基礎上，就法性性起與真性緣起的法界之同等構造中，更關注「性起」，這一點被韓國學界認為是他思想體系中的「獨創性」。這種對眾生心的理解，就是「舊來成佛」、「五尺法性成佛」等思想。

如果要理解整個《一乘法界圖》的體系中，義相所認為的法性和法界的意義及其相關關係，需要先考察《法界圖記叢髓錄》的核心內容：

一總釋印意，二別解印相。問：何以故依印？答：欲表釋迦如來教網所攝三種世間，從海印三昧盤出現顯故。所謂三種世間，一器世間，二眾生世間，三智正覺世間。智正覺者，佛菩薩也，三種世間攝盡法故。不論餘者，廣義者，如華嚴經說。

在「總釋印意」中，依用印圖是指攝受與釋尊教網中的三種世間（器、眾生、智正覺）是依據海印三昧而顯現之所詮，在此處攝受世間、出世間一切諸法。

第二別相門中，三門分別。一說印文相，二明字相，三釋文意。

一問：何故印文唯有一道。答：表如來一音故。所謂一善巧方便，何故多有回屈曲。以隨眾生機欲不同故，即是當三乘教。何故一道無有始終，顯示善巧無方，應稱法界。十世相應圓融滿足故，即是義當圓教。何故有四面四角，彰四攝四無量故，此義依三乘，顯一乘，印相如是。

二問：何故字中有始終耶。答：約修行方便，顯因果不同故。何故字中多屈

> 曲，顯三乘根欲差別不同故。何故始終兩字，安置當中，表因果兩位法性家內真實德用。性在中道故，字相如是。

別解印相是指海印三昧顯現之法門，通過七言三十句的偈頌，整理成為兩百一十個字，從「法」開始到「佛」結束的五十四個角來表示。

第一，說印文相。通過「一道」來說明如來一音的一乘之宣教方便。因為眾生有著根機欲望差別不同，所以在「一道」上凸顯五十四角之曲折，從而教化三乘之眾生。一道之宣教方便，與對眾生之盤回屈曲的教化，與重重無盡的法界稱合，與十世相應、圓融滿足；一乘圓教之道理，則通過偈頌的無始無終來表現。這個圖表還通過四面四角來說明四攝法與四無量心，依三乘而顯一乘。

第二，明字相。在三乘修行的方便基礎上，因果不能同時。整個圖印中間的排列代表，凡夫修行時雖然感覺因果甚遠，但實際上都是「法性之真實德用」，因為「性在中道」。義相通過緣生法的「不即不離、不一不異」之關係引出「六相說」。

第三，釋文意。以七言詩的形式，共有三十句。大分為三：初十八句是自利行，次四句是利他行，後八句則是修行者方便及得利益。整理如下頁【表一】所示——

初門中有二，初四句現示證分。二次十四句顯緣起分，此中初二句指緣起體，二次二句約陀羅尼理用，以辨攝法分齊。三次二句即攝法分齊，四次四句約世時示攝法分齊，五次二句約位以彰攝法分齊，六次二句總論上意。（《法界圖記叢髓錄》，大正藏四五，No.1887B，卷下，p.743 上）

這種構造，與智儼講說《華嚴經》的宗旨是「一乘法界緣起」的見解很相似；韓國學界則強調義相更關注「法性與真性的相關關係和性起」，並指出這些可以通過其創造性的陳述構造明顯看出。

自利行的證分以果分來看的話，緣起分同時具足因分與果分。透過六門來說明的緣起陀羅尼法之代表《十地經論》的阿賴耶識通三乘及一乘。與此相反，依〈十地品〉現前地之十二因緣的十門而成立的緣起觀，則體現出別

【表一】〈法性偈〉科判

	科判	相關文句	內容	法性偈
自利行	現示證分		悟證層面	① 法性圓融無二相 ② 諸法不動本來寂 ③ 無名無相絕一切 ④ 證智所知非餘境
	顯緣起分	指緣起體	條件成立之本體	⑤ 真性甚深極微妙 ⑥ 不守自性隨緣成
		約陀羅尼以辨攝法	陀羅尼的原理和作用	⑦ 一中一切多中一 ⑧ 一即一切多即一
		即事（顯）攝法分齊	從現象入手和對存在的掌握	⑨ 一微塵中含十方 ⑩ 一切塵中亦如是
		約世時示攝法分齊	以現象時間為基準的現實性掌握	⑪ 無量遠劫即一念 ⑫ 一念即是無量劫 ⑬ 九世十世互相即 ⑭ 仍不雜亂隔別成
		約位以彰攝法分齊	以階位為基準的現實性掌握	⑮ 初發心時便正覺 ⑯ 生死涅槃常共和
		總論上意	總括	⑰ 理事冥然無分別 ⑱ 十佛普賢大人境
利他行			海印三昧之顯現與攝入	⑲ 能仁海印三昧中 ⑳ 繁出如意不思議 ㉑ 雨寶益生滿虛空 ㉒ 眾生隨器得利益
辨修行者方便及得利益		明修行方便	修行之方便論	㉓ 是故行者還本際 ㉔ 叵息妄想必不得 ㉕ 無緣善巧捉如意 ㉖ 歸家隨分得資糧
		辨得利益	修行之利益	㉗ 以陀羅尼無盡寶 ㉘ 莊嚴法界實寶殿 ㉙ 窮坐實際中道床 ㉚ 舊來不動名為佛

教一乘的觀點。

雖六門不同，而唯顯緣起陀羅尼法。初言緣起體者，即是一乘陀羅尼法。一即一切，一切即一，無障礙法法界也。

今且約一門顯緣起義，所謂緣起者，大聖攝生，欲令契理舍事。凡夫見事即迷於理，聖人得理既無於事。故今舉實理，以會迷情，令諸有情，知事即無事即會理，故興此教。故《地論》言，自相者有三種，一者報相，名色共阿梨耶識生。如經於三界地復有牙生，所謂名色共生故；名色共生者，名色共彼生故。二者彼因相，是名色不離彼。依彼共生故，如經不離故。三者彼果次第相，從六入乃至於有。如經此名色增長已成六入聚，乃至有因緣故。有生老病死憂悲苦惱，如是眾生，生長苦聚。是中離我我所，無知無覺，如草木也。此中離我我所者，此二示現空。無知無覺者，自體無我故。草木者，示非眾生數故。當知十二因緣等，即體自性空，依彼阿梨耶識，生梨耶微細。自體無我，生十二因緣。十二因緣示皆無我，故緣生等，無有別法。佛舉緣起觀門，以會諸法。一切無分別，即成實性故。《地論》言，隨順觀世諦，即入第一義諦，是其事也。此義在三乘，亦通一乘；何以故，一乘所目故。若約別教一乘，略說十門。所謂因緣有分次第故，一心所攝故，自業成故，不相舍離故，三道不斷故，觀前後際故，三苦集故，因緣生故，因緣生滅縛故，隨順有盡觀故，如是十二因緣，一乘義攝。何故十番數說？欲顯無量故。

問：十番因緣，為當前後，為當一時耶？

答：即前後即無前後。何以得知？門不同故即前後，六相成故前後。其義云何？十番雖別，而同成無我。故《瓔珞經》十番因緣，三乘義攝。何以故？唯教差別不同，廣如《地論》說，如十二因緣說，餘緣生諸法，准例可解。（《法界圖記叢髓錄》，大正藏四五，No.1887B，卷下，p.743上）

利他行是佛菩薩的利他行動，海印三昧則是眾生得益的源泉所在。在修行部分中一共有七次問答：

第一問答說明五乘等法能詮所詮一切諸法。
第二問答說明約理、證教兩法本來就是中道，沒有什麼分別。
第三問答說明「聖者隨遍計」的原因，並給出中道的說明。
第四問答說明證分、緣起分法的差別之處。
第五問答從中道的角度說明「所證、在證」。
第六問答說明能化、所化的根本。
第七問答從頓教的觀點來說明此意。
修行者在獲得覺悟的過程可以借鑑《華嚴經．離世間品》中的兩千酬答，利益部分則通過「十種涅槃、斷惑、舊來成佛」等來教示說明。這裡的一乘法界，是指出現一切諸法，具有法性、法界之意。法性之意如證分四句中所示，圓融一切諸法，本來寂靜，沒有名相，證得不可思議境界。
如果一定要把這種「法性」用「真性」來說明的話，那就是緣起分之六門。用此緣起分之六門來說明的理由，是由方便而證入法性，真性緣起之窮極就是法性。所以，此「緣起分」同時具足「普賢（因）」和「十佛（果）」之境界。

那麼，法性與法界是什麼關係呢？義相想表達的根本核心所在，應該是從中道的角度來說明「法性性起」與「真性緣起」的兩者關係。在此將「證分法性」與「法性性起」的關係聯繫起來進行表述，「證分」與「緣起分」相異也相同。法性的性與相通過中道、無分別來解釋：中道是無分別、不自在而且不住，所以一切緣生法無自性、不自在、不住、中道，亦即藉由「無分別」的特性來進行定義。

簡言之，一切緣生法的我之身心，可以從性↓緣的角度來理解，同時也可以理解為緣↓性；從根本來說，這兩種視角均是無分別的不住中道之存在。

綜合來看，「自利行之證分」偏向於法性，「自利行之緣起分」證分法性↓真性緣起分的觀點；利他行並存法性性起與真性緣起兩種觀點，「修行方便」與「得利益」偏重於真性緣起之觀點↓法性性起之觀點。但是，「法性性起」與「真性緣起」之觀點，具有相即且不住中道的關係；為了證得「證分法性」，所以需要「不住中道」的華嚴觀行。

華嚴一乘觀法

華嚴觀法有很多種，基本的觀法是緣起觀、性起觀；緣起觀以事法為觀察對象，性起觀以一心真如為觀察對象。日本學者中村元的華嚴觀法分類如下：

（一）約教淺深門：五教止觀、遊心法界記、（十重）唯識觀。

（二）直顯奧旨門：性起觀、法界觀門、妄盡還源觀、普賢觀、華嚴世界觀、三性圓融觀、華嚴心要觀。

（三）寄顯染淨門：十二因緣觀、五蘊觀。

義相的恩師智儼把空觀與唯識觀聯繫起來說明華嚴觀法，在《五十要問答》中有曰：

問：空觀云何？

答：依華嚴經初觀菩薩依十種法，謂身口意三業佛法僧戒；依此十法所用威儀，並如前唯識觀說。但知十境隨一現前，知即是空，無本末相，其心得住，久習則明與定相應。

智儼的華嚴觀法大致可以分為兩種，第一種是依華嚴別教一乘的性起觀，第二種是把三乘通過一乘所流、所目而會同層面上的通觀、二種觀（唯識、空觀）、五種觀、十八種觀、理事無礙觀。

回向行是大乘菩薩實踐道的中心概念，在《華嚴經》中以普賢行者作為其象徵。將大乘菩薩之回向行取而代之，從不執著於一切的消極回向，轉為面向一切的積極普賢行回向。這種普賢行是在完成空觀之後才能成就的，並成為華嚴菩薩行的實踐道是在空觀上成立的論據。

意即，大乘菩薩道上的菩薩行是以智慧空觀為基礎才可以實現。要想通過徹底的實踐空觀而掌握菩薩的回向行，需要從圓融和次第的層面去思考華嚴思想的根本所在。

具體的步驟是：第一，為了實踐面向一切眾生之沒有邪心的菩薩慈悲行，需要瞭解諸法的「空與空性」。第二，菩薩了知諸法的「空與空性」，自然生起對一切眾生的慈悲心，而實踐回向行。

這兩種角度雖然類似，但根據側重的不同則有不同的延伸。前者的視角是在理解菩薩的慈悲行→諸法之「空與空性」的構造，後者是對諸法的「空與空性」掌握→菩薩的慈悲行的構造。前者偏重利他，慈悲大於智慧；後者偏重自利，智慧大於慈悲。

總結來說，前者為了積極地實現菩薩實踐行而展現華嚴空觀，後者偏重於對諸法空性的掌握而展現般若空觀；相較之下，華嚴空觀更需要積極地實踐菩薩行。對於這種華嚴空觀的特點，義相以〈十地品〉現前地的緣起觀為觀察點。《華嚴經．十地品》中「第六現前地」作為一個轉捩點，成為全新的菩薩行從而得以實踐。第六現前地是完成菩薩修行中的一個重要實踐項目——第六波羅蜜；在完成後，緣起觀以「一心」為中心而展開。

這一點體現了空觀的特徵。在「第五焰慧地」演說十平等法，即無常、無體、無生、無滅、本來清淨、無戲論、無取捨、寂靜等一切法無分別，證入第六現前地的十二處。隨順世間十二處的生滅相，觀察緣起之相，從而實現兼備智慧的菩薩之大悲實踐。

在朝鮮半島的新羅時代，對於華嚴觀法並沒有特別的偏重，只能透過義相的著作《華嚴十門看法觀》等而推測當時對於華嚴觀法有多少關心而已。可惜的是傳世的著作甚少，只能以《法界圖記叢髓錄》為中心，輔以其他典籍，對義相所理解的華嚴觀法進行一番類推：

> 表訓、真定等十餘德，從和尚所學此印時，問云：不動吾身即是法身自體之義云何得見？於是和尚即以四句偈子而答之云：諸緣根本我，一切法源心；語言大要宗，真實善知識。仍云：汝等當善用心耳。

所有因緣的根本——「我」是觀行的主體和修行者，包含「我」在內的法界的根源是「心」。但是，因為心的傳導，不動吾身即是法身。《法界圖記叢髓錄》中處處可見對一心的強調。義相認為，《華嚴經》的根本宗旨〈十地品〉，乃至初地歡喜地中的一念都包含在其中。因為：

三世九世即一念故，一切即一故，如一念多念亦如是。一即一切，一念即多念等，反前即是。以此理故，陀羅尼法主伴相成，隨舉一法盡攝一切。若約會說，會會中盡攝一切。若約品說，品品盡攝一切。乃至若約文說，文文句句盡攝一切。何以故，若無此彼不成故，陀羅尼法法如是，故如下說。

通過這種「一念」和「一心」，藉由具體的修行方便之根據的阿賴耶識，可以掌握十二因緣之十門觀行。

義相在學習了智儼的華嚴思想後，展開了自己的「法界緣起」思想。法界緣起整體上可以分為菩提淨分和凡夫染法。「菩提淨分」是指，眾生在覺悟自身性起存在的過程中，從本有、本有修生、修生、修生本有等四個側面對其之把握。本有、本有修生以〈性起品〉和〈普賢行品〉為根據，可以理解成作為法界自體因果的〈普賢行品〉是因、〈性起品〉是果。

智儼在《大方廣佛華嚴經搜玄分齊通智方軌》中說道：

問：性起絕言離相，云何有因果？

有二意。一為經內因中辨性起果中明性起故二也。二，性由不住故起，起時離相順法故有因果也。

本有修生中，修生是在需找本有的過程時，同性而發，菩提心即是性起，菩薩的菩提心之真智則隨順普賢行。修生與修生本有透過〈十地品〉現前地之緣起角度而顯現。以此為基礎，《大方廣佛華嚴經搜玄分齊通智

【表二】智儼之法界緣起

<table>
<tr><th colspan="3">緣起之存在</th><th colspan="3">修行者之心</th></tr>
<tr><td rowspan="4">菩提淨分</td><td rowspan="2">絕對</td><td>本有</td><td rowspan="2">性起
（性起品：果；普現品：因）</td><td colspan="2">緣起本體</td></tr>
<tr><td>本有修生</td><td colspan="2">修智隨順理而不隨諸緣</td></tr>
<tr><td rowspan="2">相對</td><td>修生</td><td rowspan="2">緣起（十地品）</td><td colspan="2">依教導生起覺悟之芽（見聞）</td></tr>
<tr><td>修生本有</td><td colspan="2">通過實踐而體現如來藏的本來清淨（解行）</td></tr>
<tr><td rowspan="4">凡夫染法</td><td rowspan="4"></td><td rowspan="3">緣起一心門</td><td>真妄緣集門</td><td>真妄和合識</td><td rowspan="3">染淨即體不分</td></tr>
<tr><td>攝本從末門</td><td>妄心（本：真實；末：阿賴耶識）</td></tr>
<tr><td>攝末從本門</td><td>真心</td></tr>
<tr><td>依持一心門</td><td></td><td>十二緣生依據阿賴耶識而成立</td><td>染淨分為能所</td></tr>
</table>

方軌》中對法界緣起的說明如右頁【表二】所示——

智儼在瞭解眾生的一心時，藉由菩提淨分的構造而把握性起，並把其包含在緣起中。義相繼承了智儼的法界緣起思想，在法性性起與真性緣起之法界在相即同等的構造中，更加強調性起，顯示了其獨創性。這種對眾生心的理解，成為後來的「舊來成佛、五尺法性成佛」等。觀法中，法的意義是法性性起而成的法界；這種法界的救助自己身心之處，就是「五尺法性成佛」思想的根本趣旨。所以，義相的觀法就是觀照法性性起之自己的法身身心，從而成就智慧。

十二因緣的十門觀行，可以稱為是般若空觀實踐的終極；經由在《華嚴經．十地品》「第六現前地」中觀察緣起，繼而在一心之上展開。通過六門而說明的緣起陀羅尼法中、《十地經論》的阿賴耶識通三乘與一乘；依託〈十地品〉現前地之十二因緣的十門之緣起觀行，則體現出別教一乘的觀點。對於方便一乘，義相認為：

所謂別義者，因緣者隨俗差別，即是因緣相望。現無自性義，正俗諦體也。

緣起者順性無分別，即是相即相融。現平等義，正順第一義體也；俗諦無自性，故順第一義。是故經云，隨順觀世諦，即入第一義諦，即其義也，別義如是。

因緣和緣起相同也相異。「相同」是因為都是十玄緣起的世界；「相異」則可以用《十地經論》的觀點來說明，即「云何世諦差別，隨順觀世諦即入第一義諦。」俗諦是因果道理的因緣觀，第一義諦作為緣起觀，朝向根本法性。參考以上引用的經文可以得知，義相把因緣觀與緣起觀理解為，覺悟成為法性性起之自身的一種方便。為了說明中道的緣性二起的圓融無礙之華嚴一乘法界，引用了龍樹的「空、假名、中道都是因緣所生法」等思想。

再讓我們看看義相「不住中道」思想的淵源——龍樹的見解。繼承了佛陀之「空與空性」思想的龍樹在《中論》中寫道：

問曰：云何知一切諸行皆是空？

答曰：一切諸行虛妄相故空，諸行生滅不住，無自性故空。

龍樹所建立的空之概念與緣起法則有關，無自性即是空性的狀態。空、緣起、無自性等可以聯繫起來的根據，通過中道思想而否定諸法，繼而論證空性之實在。由此可知，義相受到了龍樹建立之空、以及緣起與空性結合中道思想的影響。

綜而言之，義相的華嚴思想，位於從智儼的法界緣起說開始、到法藏的法界緣起說展開過程的中間位置，對智儼的華嚴學體系進行了系統的學習，並在繼承教判論和緣起論的基礎上完成了《華嚴一乘法界圖》的撰述，還對同門學人法藏的華嚴思想之形成給予了一定的啟發。乃至於義相返回新羅後，還與法藏兩人之間互通往來，堪稱中韓佛教交流史上的一段佳話。

附錄

義相大師年譜（西元六二五至七〇二年）

歲數——西元——中國年號——新羅年號

一歲　六二五　唐高祖武德八年　新羅眞平王四十七年

・義相出生於慶州。俗姓金，父親金韓信，雞林府人士。

・元曉大師於八年前出生在押梁郡的佛地村，俗姓薛，乳名誓幢。

二歲　六二六　唐高祖武德九年　新羅眞平王四十八年

新羅圓測法師入唐。

三歲　六二七　唐太宗貞觀元年　新羅眞平王四十九年

玄奘大師二十八歲，八月與僧人孝達等結伴西行求法。

四歲　六二八　唐太宗貞觀二年　新羅眞平王五十年

智儼法師二十七歲，隨杜順和尚至終南山至相寺受學華嚴。

七歲　六三一　唐太宗貞觀五年　新羅眞平王五十三年

元曉大師年十五歲，出家為僧。

九歲　六三三　唐太宗貞觀七年　新羅善德王二年

七月，新羅善德女王金德曼派遣使者到唐朝朝貢。

十歲　六三四　唐太宗貞觀八年　新羅善德女王三年

正月，芬皇寺修建完成。始服唐朝衣冠。

十一歲　六三五　唐太宗貞觀九年　新羅善德女王四年

唐朝派遣使者冊封善德女王為樂浪郡公、新羅王。

十二歲　六三六　唐太宗貞觀十年　新羅善德女王五年

・皇龍寺舉辦百高座會並開講《仁王經》，准許一百人出家為僧。
・慈藏法師入唐求法。
・四月，金德曼派遣新羅子弟入唐，並請入國學。
・華嚴初祖杜順和尚示寂於長安南郊義善寺，享年八十有四。

十六歲　六四〇　唐太宗貞觀十四年　新羅善德王九年

・四月，金德曼派遣新羅子弟入唐，並請入國學。
・華嚴初祖杜順和尚示寂於長安南郊義善寺，享年八十有四。

十九歲　六四三　唐太宗貞觀十七年　新羅善德女王十二年

二十歲

六四四　唐太宗貞觀十八年　新羅善德女王十三年

・新羅被高句麗和百濟攻打，金德曼派遣使者前往唐朝，請求唐朝派兵援救。
・入唐新羅僧慈藏應善德女王之請返回新羅，攜帶藏經、佛像而歸。
・賢首大師法藏於長安出生。

義相在慶州皇福寺出家。

二十一歲

六四五　唐太宗貞觀十九年　新羅善德女王十四年

・唐太宗親征高句麗，新羅善德女王發兵三萬以助之。
・慶州皇龍寺修建九層木塔，以對峙外敵入侵。
・玄奘大師四十六歲，正月返回長安，二月至洛陽謁太宗，返長安弘福寺奉旨譯經。同年六月，道宣律師應詔參與譯事。

二十三歲

六四七　唐太宗貞觀二十一年　新羅善德女王十六年

・正月，善德女王金德曼去世，唐朝追贈她為光祿大夫。金德曼死後，葬於狼山。因無嗣子，由堂妹真德王金勝曼繼位。
・元曉大師三十一歲，前往靈鷲山磻高寺親近郎智法師，寫下了〈初章觀文〉和〈安身事心論〉；還往吾魚寺，請教惠空法師佛法問題。

二十四歲

六四八　唐太宗貞觀二十二年　新羅眞德女王二年

真德女王改元太和，派遣伊湌金春秋（其後的武烈王）到唐朝請攻百濟。

二十五歲

六四九　唐太宗貞觀二十三年　新羅眞德女王三年

正月，新羅王下令全國服唐朝衣裳。

二十六歲

六五〇　唐高宗永徽元年　新羅眞德女王四年

・七月，真德女王織錦作五言〈太平頌〉遣使獻給唐高宗，並開始使用「永徽」年號。

・三十四歲的元曉和二十六歲的義相因仰慕玄奘大師高名，相約結伴入唐求法，此為第一次。可惜止步於高句麗，以失敗而告終。

・高句麗的普德大師避難至完山州的孤大山（今高德山），入唐未果的元曉和義相在其門下學習《涅槃經》。

三十歲

六五四　唐高宗永徽五年　新羅眞德女王八年

・春三月，真德女王去世，唐高宗為之舉哀，追贈開府儀同三司，賜給彩緞三百，命太常丞張文收持節前往吊祭。

・金春秋繼襲王位，即新羅第二十九代王——武烈王。

三十二歲　六五六　唐高宗顯慶元年　新羅武王三年

大唐長安敕建西明寺初就，道宣律師即為上座。

三十四歲　六五八　唐高宗顯慶三年　新羅武王五年

玄奘徙居西明寺翻譯，道宣再與其事。

三十五歲　六五九　唐高宗顯慶四年　新羅武烈王六年

法藏十七歲，入終南山，恭聽智儼大師講《華嚴經》而投其門下，師資相契。

三十六歲　六六〇　唐高宗顯慶五年　新羅武烈王七年

新羅與大唐聯軍發動了對百濟的進攻，百濟國亡。

三十七歲　六六一　唐高宗龍朔元年　新羅文武王元年

・四十五歲的元曉與三十七歲的義相第二次踏上入唐求法之路，此行選擇水路。

・義相獨自抵達揚州，一路輾轉到達唐都長安。

・圓測法師四十九歲，住錫西明寺，專心著作。

・玄奘大師六十歲，住玉華宮，開始譯《大般若經》。

三十八歲　六六二　唐高宗龍朔二年　新羅文武王二年

·義相入終南山至相寺，拜六十歲的智儼為師，學習華嚴。
·十月，玄奘在玉華宮譯完《大般若經》六百卷，共費時約四年。畢後玄奘自覺體力衰竭，不再事翻譯，專精行道。

四十二歲

六六四　唐高宗麟德元年　新羅文武王四年

二月五日夜半，玄奘大師圓寂，終年六十五歲，以國葬葬於長安白鹿原。生平譯經七十五部、共一千三百三十五卷，並撰《大唐西域記》十二卷。

四十二歲

六六六　唐高宗乾封元年　新羅文武王六年

針對唐玄奘大師對於「唯識無境」比量的注釋，五十歲的元曉給出了相違的意見，新羅僧順憬把元曉的見解帶到了大唐。

四十三歲

六六七　唐高宗乾封二年　新羅文武王七年

道宣律師入寂，高宗下詔令崇飾，傳稱「宣之持律，聲振竺乾，宣之編修，美流天下」。後人因他長期居於終南山，並在淨業寺樹立律學範疇，即稱他所傳弘的《四分律》學為南山宗，並稱他為南山律師。

四十四歲

六六八　唐高宗總章元年　新羅文武王八年

·七月十五日，義相完成《華嚴一乘法界圖》。

·九月廿一日，新羅與唐大軍合圍平壤，高句麗王請降，三國統一，開啓了新格局。
·十月廿九日，智儼在清淨寺圓寂，世壽六十七。因曾住至相寺，世稱至相大師。
·圓測法師五十六歲，閒居於終南山雲際寺。

四十六歲　六七〇　唐高宗咸亨元年　新羅文武王十年
·四月，義相從長安啓程，途徑洛陽到達登州後，乘船返回新羅，闡揚華嚴。
·八月廿二日，法藏二十八歲，在東都洛陽太原寺正式剃度。
·義相前往洛山參拜觀音真身，並創建洛山寺。

五十二歲　六七六　唐高宗儀鳳元年　新羅文武王十六年
·春二月，義相前往太白山創建浮石寺，海東華嚴自此創宗。
·新羅與唐的戰爭結束，迎來真正意義的朝鮮半島統一。

五十三歲　六七七　唐高宗儀鳳二年　新羅文武王十七年
義相承王命，以石板刻《華嚴經》，留於智異山華嚴寺。

六十二歲　六八六　唐武則天垂拱二年　新羅神文王六年

元曉在芬皇寺編撰《華嚴經疏》，至第四十回〈回向品〉時因身體不適而就此擱筆。是年三月三十日，在慶州南山的穴寺圓寂，年七十。

六十八歲　六九二　唐武則天長壽元年　新羅神文王十二年

在法藏門下求學的勝詮返回新羅，轉交給義相法藏的親筆信，並帶來了法藏最新編撰的《華嚴經探玄記》。義相以法藏所述之《探玄記》，講於華嚴寺海藏殿。

七十一歲　六九五　唐武則天證聖元年　新羅孝昭王四年

・法藏五十三歲，奉詔參輔實叉難陀譯八十卷《華嚴經》。

・圓測法師八十三歲，亦參與新《華嚴經》之翻譯。次年寂於佛授記寺，享壽八十四歲。

七十八歲　七〇二　唐武則天長安二年　新羅聖德王元年

義相寂於浮石寺，年七十八。

參考資料

【古籍】

釋贊寧，《宋高僧傳》，上海古籍出版社。

一然，《三國遺事》，首爾：高麗文化社。

金富軾，《三國史記》，首爾：春潮社。

《韓國佛教全書》，首爾：東國大學出版社。

【韓文著作】

高翊晉，《한국 고대 불교사상사（韓國古代佛教思想史）》，東國大學出版部，一九八九。

金相鉉，《新羅華嚴思想史研究》，民族社，一九九一。

金相鉉，《元曉研究》，民族社，二〇〇〇。

李洪九，《義湘華嚴觀行의 研究》，東國大學大學院，二〇〇四。

鄭炳三，《義相華嚴思想研究》，首爾大學出版社，一九九八。
鄭炳三，《한국불교사（韓國佛教史）》，青青史學出版社，二〇二〇。
崔鈆植，《均如華嚴思想研究》，首爾大學博士論文，一九九八。

【中文著作】

金相鉉著，敖英譯，《新羅華嚴思想史研究》，北京：社會科學文獻出版社，二〇一四。
陳景富，《中韓佛教關係一千年》，北京：宗教文化出版社，一九九九。
龔國強，《隋唐佛寺研究》，北京：文物出版社，二〇〇六。
黃心川，《東方佛教論》，北京：中國社會科學出版社，二〇〇二。
湯用彤，《隋唐佛教史稿》，北京：中華書局，二〇一六。
釋印順，《初期大乘佛教之起源與開展》，臺北：正聞出版社，一九八一。
至相寺編撰，《終南山至相寺志》，二〇一三。
王景琳，《中國古代寺院生活》，西安：陝西人民出版社，二〇〇二。

國家圖書館出版品預行編目(CIP)資料

義相大師：海東華嚴初祖／郭磊編撰 — 初版
臺北市：經典雜誌，慈濟傳播人文志業基金會，2021.10
400 面；15×21 公分 —（高僧傳）
ISBN 978-626-7037-10-2（精裝）
1. 釋義相 2. 佛教傳記 3. 韓國
229.5 110016607

義相大師——海東華嚴初祖

創　　辦　　人／釋證嚴
發　　行　　人／王端正
平面媒體總監／王志宏

編　　撰　　者／郭　磊
美　術　指　導／邱宇陞
責　任　編　輯／賴志銘
行　政　編　輯／涂慶鐘
插　畫　繪　者／林國新
校　對　志　工／林旭初
排　　　　　版／尚璟設計整合行銷有限公司
出　　版　　者／經典雜誌
慈濟傳播人文志業基金會
112019 臺北市北投區立德路 2 號
客　服　專　線／（02）28989991
傳　真　專　線／（02）28989993
劃　撥　帳　號／19924552　戶名／經典雜誌
印　　　　　製／新豪華製版印刷股份有限公司
經　　銷　　商／聯合發行股份有限公司
231028 新北市新店區寶橋路 235 巷 6 弄 6 號 2 樓
（02）29178022
出　版　日　期／2021 年 10 月初版一刷
定　　　　　價／新臺幣 380 元